TABACOS

E

CACHIMBOS

De Cristóvão Colombo até hoje

ALFREDO A. MAIA

1a. Edição ampliada

1ª. Edição revista e ampliada
2018 ISBN ISBN 9781790812981

Edição
Alfredo A. Maia

Revisão
Alfredo A. Maia
Gustavo Henrique Calvancante Marques

Capa
Gustavo Henrique Cavalcante Marques

SUMÁRIO

Apresentação

Fumar cachimbo é sempre visto como uma atividade elegante e com um certo ar de sofisticação, o que faz com que muitas pessoas queiram fumar um cachimbo, mas poucos sabem o bastante a respeito dessa arte para ensinar aos outros.

Quem quer que um dia tenha desejado obter informações sobre cachimbos e tabacos, com certeza defrontou-se com a absoluta falta de livros sobre o assunto nas livrarias brasileiras. Livros em português então, são mais raros ainda, tendo sido publicados até hoje apenas três títulos até onde sabemos.

As únicas fontes de informação imediatamente disponíveis estão na internet: são as pouquíssimas listas de discussão, onde se pode usufruir a experiência dos cachimbeiros mais antigos, e as páginas especializadas da "web".

Meu primeiro contato com cachimbos deu-se por volta de 1958, quando eu tinha 15 anos de idade e ganhei de um tio uma cigarreira em metal dourado e um cachimbo italiano Savinelli Oscar, de formato "*billiard*", preto e de acabamento jateado, o qual conservei por mais de quarenta anos, até perdê-lo em uma das poucas mudanças de residência que fiz em minha vida adulta.

Até hoje ainda não entendi a escolha dos presentes por parte de meu tio, haja visto que eu não fumava na época e nem havia manifestado a intenção de fazê-lo. De qualquer maneira só vim a utilizar o cachimbo cerca de dez anos mais tarde quando resolvi experimentá-lo ... e não parei mais.

Uma coisa que me marcou desde os primeiros dias na arte do cachimbo é o senso de propriedade e empatia que se adquire com os cachimbos; é o seu cachimbo que você usa para exercitar o prazer de degustar um tabaco e que o acompanhará por muito tempo. Ao contrário do cigarro e do charuto que desaparecem ao fim da fumada, o cachimbo estará lá, esperando pela próxima vez.

Hoje em dia eu me admiro de não haver danificado irremediavelmente esse meu primeiro cachimbo, e outros que adquiri em seguida, devido a minha total falta de informação sobre os procedimentos corretos para condicionamento e uso dos mesmos. Na época, mais ainda que hoje, não havia acesso a qualquer tipo de informação sobre cachimbos e tabacos. Agradeço ao incentivo de outros poucos fumantes de cachimbo que conheci, para não desistir no início, em face das dificuldades que encontrei, como, por exemplo, manter o cachimbo aceso e evitar o sabor desagradável que surgia de vez em quando, pela falta de limpeza adequada.

O que dizer então da escolha do tabaco? Todos eram "fumo para cachimbo". Nem as tabacarias tinham pessoal adequadamente treinado que pudesse explicar a diferença entre um tipo e outro de tabaco. Íamos experimentando cada tipo, cada marca, até encontrarmos aquele que mais nos agradava e aí ficávamos. Nem se pensava nos diferentes tipos de tabaco que compõe uma mistura; quando muito se ouvia dizer que um determinado tabaco continha "fumos Virginia" ou Burley.

Meus parcos conhecimentos sobre a arte e os prazeres do cachimbo foram adquiridos aos poucos, por meio de erros e acertos, conversas com outros fumantes de maior conhecimento e de uma ou outra informação publicada que conseguia encontrar, quase sempre por acaso, diga-se de passagem. Vale lembrar aqui uma característica marcante de todos aqueles que pertencem à comunidade do cachimbo que é a disponibilidade de transmitir informações quando solicitados e de tentar por todos os meios ajudar aqueles que estão começando na arte do cachimbo.

Com a popularização da internet e das listas de discussão, a troca de informações sobre cachimbos e tabacos tornou-se mais frequente e o acesso a listas de discussão sobre o assunto e às páginas de fabricantes de cachimbos e tabacos, propiciou a aquisição de maiores conhecimentos a todos; mas ainda faltava um livro em português que desse aos iniciantes e veteranos na arte do cachimbo um pouco mais do conhecimento necessário para desfrutá-lo com maior prazer.

A ideia deste livro surgiu quando comecei a participar da lista de discussão "A Confraria dos Amigos do Cachimbo" e se tornou evidente a procura (principalmente pelos iniciantes) de um livro que pudesse condensar parte das informações trocadas na lista e também aquelas disponíveis na internet. Quando em uma das mensagens, o criador da lista, Térgio Patrício, de Curitiba, fumante e colecionador de cachimbos, disse: "... no futuro alguém ... ainda poderá lançar um livro com muitas informações valiosas até mesmo para nós....", não me passou pela cabeça ser esse "alguém", pois, embora tivesse alguma experiência na redação de manuais técnicos e de treinamento, não tinha nenhuma ideia de como escrever e publicar um livro.

Com o passar dos dias, entretanto, a idéia surgiu e foi amadurecendo, a busca por fontes de informação foi aumentando e depois de muito ir e vir, finalmente surgiu o rascunho deste livro.

Aqui procuro oferecer aos leitores uma fonte de informação onde os mesmos possam encontrar desde comentários sobre a origem do tabaco até sugestões de uso e limpeza do cachimbo. Não pretende este livro ser a última palavra sobre o assunto e, muito menos, a mais completa e verdadeira, principalmente num campo onde há muito da preferência pessoal de cada fumante.

Espero que este livro possa servir de guia aos iniciantes na arte do cachimbo e como uma ferramenta de reciclagem aos mais experientes, aguçando seu espírito crítico entre uma e outra baforada.

Este livro é para ser lido com a mesma calma e tranquilidade com que se fuma um cachimbo; portanto, se você já é um fumante com alguma experiência, acomode-se, relaxe, acenda seu cachimbo predileto e boa leitura. Se você está iniciando agora, comece a exercitar a tranquilidade necessária para usufruir plenamente um cachimbo: acomode-se, relaxe e aproveite ao máximo a leitura.

Não seria possível terminar este prefácio sem os agradecimentos devidos a todos que tornaram possível a edição deste livro. Você nunca se dá conta do número enorme de pessoas que terminam se envolvendo nessa tarefa, seja diretamente ou apenas com uma palavra de apoio e incentivo. Embora possa parecer lugar comum, meu primeiro agradecimento é para minha esposa, Nair, que sempre me apoiou e muitas vezes abriu mão de minha companhia para que eu pudesse me dedicar ao livro. Mesmo com o risco de cometer uma injustiça ao omitir o nome de algumas pessoas, não posso deixar de mencionar todo o pessoal da lista de discussões "A Confraria dos Amigos do Cachimbo" pela amizade desenvolvida ao longo de milhares de mensagens e pela troca desinteressada de informações e conhecimento. São mais de 600 amigos, a maioria dos quais eu nunca encontrarei pessoalmente, mas que construíram um enorme elo afetivo ao redor do prazer de apreciar um cachimbo. Agradeço especialmente ao "dono" e guru da lista, Térgio Patrício, por manter e moderar a lista, contribuindo decisivamente para o clima fraterno existente na mesma. Ao Valdomiro S.B. Castro, criador da página da cAc e depositário dos arquivos com muitas das informações constantes deste livro, o meu muito obrigado. Ao José de Anchieta C. A. Toschi, mais conhecido como Balkan por sua paixão pelos tabacos da marca Balkan Sobranie e enciclopédia ambulante sobre tabacos e cachimbos, pelas informações, sugestões e revisões de textos. Ao Cândido Giovanella, fabricante dos tabacos Giovanella pelos papos e informações sobre a produção de tabacos aromáticos, ao Ildefonso Bertoldi e família, fabricantes dos cachimbos Maestro, pela acolhida na visita à sua fábrica e pelas muitas informações sobre a fabricação de cachimbos e uso de madeiras brasileiras na produção dos mesmos.

Um agradecimento especial ao Samuel Finamore da Tabacos Wilder Finamore, figura marcante na indústria de tabacos para cachimbos no Brasil, pela honra que me foi concedida de escrever o prefácio deste livro.

São Paulo, abril de 2007

Prefácio

Fui convidado para uma tarefa tão difícil quanto agradável: falar do Alfredo e deste seu livro ... *Tabacos e cachimbos*.

Antes de tudo devo falar da sua formação; profissional dos mais gabaritados e com larga experiência nacional e internacional na área de engenharia química, na qual deixou notória presença e reconhecimento. Sempre adepto das coisas boas da vida, montou uma rede de restaurantes, onde preza a qualidade, o bom atendimento e principalmente a limpeza e validade dos produtos servidos. Não diferentemente tratou de seu outro grande prazer que são os cachimbos e tabaco para os mesmos.

Grande apreciador dessa arte, que desfruta desde o início de 1970, Alfredo, aproveitando-se de suas viagens de negócios, percorreu o mundo atrás dos tabacos aromáticos, exóticos e misturas (blends) das diversas variedades de fumos e dos diferentes métodos de fabricação. Afiliou-se a vários clubes e confrarias de cachimbos no Brasil e exterior, comprou (e leu!!!) livros e mais livros sobre o assunto - acredito ser ele possuidor do maior acervo no Brasil neste segmento. Além disso, participa assiduamente dos encontros promovidos em várias confrarias de cachimbo.

Assim, dada essa trajetória, resolveu de forma bastante eficiente, didática e instrutiva, escrever este livro, no qual fala do prazer que é o fumar cachimbo. Além de uma referência para aqueles que desejarem conhecer um pouco mais sobre o mundo dos cachimbos e dos tabacos a eles destinados, o livro é um mergulho na história, interessante e agradável de ser lido, e como diz o autor na sua apresentação, deve ser lido com a mesma calma com que se fuma um cachimbo.

Não poderia continuar falando sem me referir a ele como amigo, pessoa da maior integridade e reconhecimento, bom de papo, aquele que todos gostariam de ter na sua roda de prosa.

Com muita prática que tenho na formulação de misturas (blends) para tabacos para cachimbo não posso dispensar o conhecimento do amigo Alfredo quando me aparecem dúvidas a respeito de alguma variedade de tabaco ou processos de fabricação.

Tenho certeza de que esta obra será a primeira e mais completa do gênero já publicada no Brasil e será útil a todos os apreciadores de cachimbo.

Samuel Finamore

Introdução

Quando e como o ser humano começou a fumar tabaco é a grande questão ainda não respondida com precisão pelos historiadores, filósofos, sociólogos e antropólogos.

Estudos botânicos mostram que entre 5000 e 3000 A.C. o tabaco já era cultivado na América do Sul, numa região localizada na Cordilheira dos Andes entre o Peru, Equador e Bolívia, de onde se espalhou para o norte chegando até o Alasca e para o sul até a Patagônia, tendo chegado ao Brasil, provavelmente através das migrações indígenas principalmente dos Tupi-guarani.

O costume de queimar ervas e outras substâncias, com finalidades religiosas e curativas, já era conhecido desde a antiguidade como mostram as referências bíblicas ao uso de incenso e mirra pelos Três Reis Magos. Os egípcios e os romanos usavam incenso em suas cerimônias religiosas e o uso de incenso é relatado em inscrições e monumentos egípcios da época de Tutancâmon. Heródoto, historiador grego que viveu entre 484 e 420 A. C. relata em um de seus livros, o costume da tribo dos Citas, que habitava a região entre a Europa e a Ásia, de usar o cânhamo em suas fumigações religiosas, produzindo uma fumaça que aspiravam até entrar em transe. Além do uso religioso, os citas também tinham o costume de alimentar as fogueiras ao redor das quais se reuniam, com as sementes dessa planta até atingir um estado de total embriagues. Descobertas arqueológicas na região, em épocas mais recentes confirmam esse primeiro relato escrito sobre o hábito de inalar fumaça dos povos antigos. Esse costume, entretanto, esteve sempre associado ao ato de inalar o ar perfumado e não de aspirar essa fumaça deliberadamente, prática que não era conhecida na Europa até a época do descobrimento da América.

Antes de começar a queimar e fumar tabaco, ou qualquer outra erva, o homem provavelmente, mascava e bebia como chá, além de aspirar a fumaça de algumas dessas ervas. Esse costume de mascar ervas, por exemplo, conservou-se até os dias de hoje, em alguns países como a Bolívia e o Peru, onde os descendentes indígenas dos primeiros habitantes das Américas, mascam folhas de coca para combater os sintomas do ar rarefeito da altitude da Cordilheira dos Andes ou para aplacar a fome.

Entre os indígenas das Américas eram bem conhecidas ervas como o mescal, o peyote, o estramônio ou figueira-brava e mesmo a coca, consumida pelos Incas e outros indígenas da região andina, mas o tabaco era a única erva comum a todas as etnias.

Colocar tabaco sob os lábios, hábito tão disseminado, ainda hoje em dia, entre as comunidades rurais dos Estados Unidos (e entre os arremessadores de "baseball" do Tio Sam), teve origem nesse período como uma das maneiras de se consumir tabaco.

Fumar é o meio mais rápido de se colocar nicotina na corrente sanguínea a menos que seja usada uma injeção intravenosa. Isso se deve ao fato de que os pulmões possuem uma enorme capacidade de absorção desse e de outros alcaloides, além é claro do oxigênio.

É provável que o uso do cachimbo já fosse conhecido desde a Idade do Bronze (cerca de 3000 A.C.) quando alguns tubos de pedra podem ter sido usados como cachimbo na Ilha de Creta. Pesquisas arqueológicas indicam que na América do Norte o cachimbo já era conhecido em épocas tão remotas quanto 2500 A.C.

Embora alguns autores afirmem não haver provas da existência pré-colombiana do cachimbo entre os indígenas do Brasil, cachimbos cerâmicos encontrados nos sambaquis da região norte do Brasil, foram datados como sendo de 980 a 350 A.C, épocas muito anteriores ao descobrimento da América, indicando que o hábito de fumar cachimbo também já existia nesta parte do continente há muito tempo,

O uso do cachimbo para fumar tabaco era muito cerimonial nesse período pré-colombiano, e o uso de rolos de folhas de tabaco seco, era mais comum pela sua facilidade de implementação.

Fumantes das outras regiões do mundo usavam diversas ervas, algumas delas alucinógenas como maconha e ópio, mas não usavam o tabaco, que teve sua origem aqui no continente americano, segundo algumas das teorias mais aceitas. Estas teorias encontram sustentação no fato de que em nenhum dos escritos da antiguidade há qualquer referência ao uso do tabaco; nem nos textos hebreus, nem nos monumentos egípcios. Nem tampouco nos relatórios dos primeiros viajantes ao Extremo Oriente, como Vasco da Gama e Marco Polo, é feita menção a qualquer coisa que se possa identificar como tabaco. Na realidade esses primeiros viajantes ao Oriente estavam interessados em seda e em especiarias como cravo e canela. Alguns estudiosos afirmam, entretanto, que os romanos e os gregos fumavam cachimbo alimentado com folhas de pereira ou eucalipto e é muito provável que em algum momento também tenham experimentado outras ervas.

Outros dão conta que os relatos das viagens do Almirante James Cook ao redor do mundo, citam aborígines australianos mascando ou fumando alguma espécie de "tabaco" existente naquele continente. O fato é que nenhum desses relatos menciona de forma categórica a existência em qualquer lugar do mundo do tabaco, ou mais precisamente das duas espécies (Nicotiana rustica e Nicotiana tabacum) que passaram a ser conhecidas como tabaco.

Vale mencionar que essa teoria da origem americana do tabaco foi seriamente ameaçada no século XX quando arqueólogos descobriram traços de tabaco na múmia do faraó Ramsés II. Como esse tabaco teria chegado ao Egito? Ou teria sido levado do Egito para a América por correntes migratórias? Depois de muita discussão, estudiosos franceses chegaram à conclusão, em 1986, que esses traços de tabaco eram provenientes do cachimbo do egiptólogo que abriu o sarcófago do faraó no século XIX.

Plantas nativas do continente americano, tais como batata, milho, abóbora, tomate, seringueira, cacau e tabaco, além de animais e aves como o peru, por exemplo, só ficaram conhecidas da humanidade há mais de 15.000 anos, quando as correntes migratórias que povoaram o nosso continente aqui chegaram vindas da Ásia através do Estreito de Bering e encontraram essas plantas que ainda não eram conhecidas pelos seus ancestrais.

Os Maias eram uma civilização sofisticada e culta que floresceu ao norte da América Central na Província de Yucatan entre os anos 2000 A.C. e 900 D.C. Eram excelentes matemáticos e astrônomos e vem de sua cultura a evidência mais antiga de que o costume de fumar tabaco já fazia parte do cotidiano dos habitantes da região: inscrições em ruínas da cidade de Palenque, datadas do ano 100 D.C. em que aparecem figuras fumando cachimbos, provavelmente em rituais religiosos. Os astecas, no México, e os incas, no Peru, também utilizavam o tabaco como parte de rituais religiosos e com finalidades médicas. Gravuras em madeira, datadas de 1537 mostram indígenas brasileiros fumando uma espécie de charuto e "curando" um doente com o uso de fumaça de plantas, soprada sobre o mesmo.

Devido às propriedades alucinógenas da nicotina, quando ingerida em grandes quantidades, o tabaco foi inicialmente utilizado em rituais religiosos pelos xamãs ou pajés das tribos, que durante os seus episódios alucinógenos, causados por ingestão dessas quantidades enormes de nicotina, diziam entrar em contato com os deuses. Também não passaram despercebidas a esses indígenas as propriedades inseticidas do tabaco que era usado para matar infestações de piolhos e carrapatos.

Segundo gravuras feitas por viajantes que aqui passaram após o descobrimento da América, o tabaco era cultivado de maneira deliberada, tendo um local definido e delimitado dentro das aldeias e sendo plantado em fileiras ordenadas.

Em regiões tão remotas como o Alasca, tribos de caçadores interrompiam seus afazeres durante parte do ano para plantar tabaco. Mesmo na América do Norte onde algumas tribos nômades, como os Crows e os Blackfoots, abominavam o plantio agrícola, essas mesmas tribos faziam uma exceção quando se tratava de plantar tabaco.

Diversas tribos e civilizações surgiram, desapareceram e sobreviveram no território americano e em muitas delas as evidências do uso do tabaco e cachimbo, foram preservadas pelo costume indígena de enterrar junto com o corpo dos mortos, apetrechos de uso terreno que julgavam necessários para a sua viagem até a eternidade.

O tabaco sempre teve uma importância muito grande em todas as culturas indígenas das Américas, pelo seu uso em cerimônias religiosas, pelo seu uso médico como cicatrizante e desinfetante, pelo seu uso como moeda de troca e pelo seu aspecto social como oferenda de boas-vindas e amizade. A importância econômica do tabaco entre as tribos brasileiras era tão grande que a palavra dos índios da tribo yanomani para "pobreza" significa "estar sem tabaco", segundo descrição do antropólogo norte-americano Napoleon Chagnon, em seu livro "Yanomano". No aspecto social o seu uso mais difundido, e popularizado pelo cinema, foi o uso no "cachimbo da paz" das tribos das planícies norte-americanas. Na realidade o "cachimbo da paz" ou *calumet*, como era chamado pelos índios, era parte de uma cerimônia que incluía cantos e danças e celebrada sempre que se queria terminar uma disputa, celebrar uma aliança ou assegurar as boas-vindas a um estrangeiro. A dança era executada por um "mestre de cerimônias" carregando o *calumet* e ao final da mesma, o chefe da tribo oferecia o cachimbo ao convidado de honra e depois o passava de um membro a outro no conselho de chefes da tribo de acordo com a ocasião solene que requeria seu uso.

O nome da planta também não tem unanimidade quanto a sua origem, afirmando alguns que parece haver-se derivado de um mal-entendido, devido à dificuldade de comunicação entre os europeus da frota de Colombo e os indígenas que habitavam uma das ilhas onde aportaram. Ao encontrar nativos inalando fumaça através de um dispositivo em forma de Y cuja extremidade dupla introduziam nas narinas e na outra extremidade queimavam uma erva, segundo descrição de Gonzalo Fernandes de Oviedo, os marinheiros teriam indagado o que era aquilo (que estavam queimando) e os indígenas responderam que era "tobago", referindo-se ao "cachimbo". Com o passar do tempo a pronuncia foi se modificando até chegar ao "tabaco" de nossos dias. Outros afirmam que o termo tabaco é uma corruptela da palavra *"tobago"* (notar a semelhança com a versão anterior) que é o nome de uma ilha próxima à Venezuela e que era originalmente grande produtora de tabaco. Outros afirmam ainda que a palavra vem do nome de um cachimbo chamado *habocq* (um termo caribenho), que com o passar do tempo foi se alterando para tabaco. Entre as tribos indígenas do Brasil o tabaco era conhecido como *"petun"*. O termo tabaco, entretanto, ganhou predominância e passou a ser usado cada vez com mais frequência, até ser adotado como o nome oficial da erva. Como prêmio de consolação, o nome "petun" deu origem ao nome da flor petúnia, também da mesma família do tabaco, as *solanáceas*.

Nos anos que se seguiram a essa primeira viagem de Colombo, mais e mais viagens foram feitas ao Novo-Mundo, e a cada viagem mais e mais marinheiros entravam em contato com esse costume indígena, e como aconteceu com alguns marinheiros dessa primeira expedição, levavam o costume de volta para a Europa, onde o mesmo começou a se difundir.

A introdução do tabaco na Europa, entretanto, não foi um mar de rosas, mas cheia de dificuldades e percalços, principalmente quando a Santa Inquisição classificou o costume de demoníaco e começou a perseguir os fumantes. Na Inglaterra um decreto do rei James I execrava o uso do tabaco e punia com a pena de morte quem comercializasse ou fizesse uso do mesmo. A novidade e seu valor comercial, no entanto, foram mais fortes e conseguiram consolidar o seu uso no Velho Continente.

Portugal, Espanha, Inglaterra, Alemanha tornaram-se grandes consumidores de tabaco, fazendo com que esse mercado florescesse, e o Brasil e alguns países das Antilhas como Cuba, Trinidad-Tobago e Haiti, e a colônia da Virginia nos Estados Unidos se tornassem os grandes produtores de tabaco da época.

Alguns empreendedores, como o inglês Sir Walter Raleigh, perceberam o grande potencial econômico do tabaco e trataram de estabelecer plantações no continente americano para fornecimento a Europa. Uma das primeiras culturas de tabaco foi a que se iniciou na colônia da Virginia nos Estados Unidos.

A difusão do tabaco pela Europa fez com que outros centros produtores fossem surgindo e que outras variedades de tabaco fossem sendo desenvolvidas, como por exemplo, os tabacos cultivados na Turquia, Síria e na ilha de Chipre.

Fumo ou tabaco?

Um assunto que surge com frequência nas conversas entre fumantes de cachimbo e charuto é o que se refere ao emprego dos termos fumo e tabaco. Qual o termo correto? Existem diferenças ente eles?

Segundo o Novo Dicionário Eletrônico Aurélio Versão 5.11 as duas palavras são sinônimas, embora tenhamos a impressão que *tabaco* é mais usado em botânica e *fumo* é mais usado coloquialmente. Essa dualidade entre fumo e tabaco, entretanto, existe somente no Brasil, pois em todos os outros países, mesmo os de língua portuguesa, o único termo usado é tabaco.

Ao longo deste livro, por uma preferência de ordem pessoal, usaremos o termo tabaco, tanto para designar a planta como para nomear o produto final consumido por todos os aficionados da planta.

O Tabaco

História

A descoberta

Nas últimas décadas do século XV, Portugal e Espanha estavam envolvidos em uma disputa de poder que envolvia grandes navegações e descobertas de novas terras e novas riquezas. A descoberta do Cabo da Boa Esperança pelo português Bartolomeu Dias em 1486 aumentou o desejo dos aventureiros da época em descobrir essas novas terras recheadas de riquezas incalculáveis, segundo se acreditava.

Embalado por essas ideias, o genovês Cristóvão Colombo, concebeu o plano de alcançar as Índias, China e Zipangu (Japão) navegando para o ocidente, visto que acreditava que a Terra fosse redonda. Seus planos foram apresentados primeiramente ao rei de Portugal D. João II, que achou o mesmo muito ousado para justificar o risco de vidas e o montante de dinheiro envolvido.

Sem desistir, Colombo apresentou seus planos aos reis da Espanha, que depois de consultarem os sábios da Universidade de Salamanca, aceitaram apoiar essa aventura. Patrocinado então por Fernando e Isabel, os reis católicos da Espanha, Colombo preparou-se para encontrar o caminho marítimo que faria com que o comércio de seda, pérolas e especiarias, fosse feito de maneira mais rápida e segura, evitando a rota terrestre por território hostil dominado pelos turcos.

No dia 3 de agosto de 1492 uma pequena frota de três navios com uma tripulação de aproximadamente 90 marinheiros, zarpou do porto de Palos na Espanha sob o comando do capitão genovês com a missão patrocinada pelos seus benfeitores de descobrir uma rota marítima para a China, navegando para o oeste. Numa estação de calmarias no Oceano Atlântico, a viagem se estendeu por dois longos meses, até que na noite de 11 de Outubro de 1492, com suas provisões a ponto de se esgotarem e sua tripulação descontente e quase amotinada, avistaram pequenas luzes no horizonte e no dia seguinte a frota atracou em uma ilha nas Bahamas, chamada de Guanahani pelos habitantes locais, da tribo dos Lucayos.

Colombo denominou a ilha de San Salvador e tomou posse da mesma (como se já não tivesse dono) em nome dos reis Fernando e Isabel de Espanha.

Na troca de presentes com os chefes das tribos locais, Colombo recebeu contas, frutas e algumas folhas secas, que os espanhóis não sabiam o que eram e nem para que serviam, mas que pareciam importantes para os indígenas. Em troca, segundo alguns autores, Colombo presenteou-os com dois chapéus vermelhos que se acreditava serem populares entre os chineses. Através do intérprete da frota (Luís de Torres), um judeu convertido que falava hebraico, cantonês e árabe (de pouca valia nas circunstâncias), Colombo ficou sabendo da existência mais a oeste de uma ilha maior e mais rica em ouro e especiarias, que acreditou ser uma das maiores cidades da China.

A frota preparou-se para zarpar, e tudo que fosse supérfluo e desnecessário foi lançado ao mar, inclusive os presentes recebidos. Assim sendo, as primeiras folhas de tabaco presenteadas a um europeu, viraram comida de peixe.

Alguns dias depois, quando a caminho da ilha de Cuba, Colombo anotou no diário de bordo que haviam encontrado uma canoa com apenas um tripulante, que estava fazendo praticamente o mesmo percurso que a frota. Trazendo o indígena a bordo para que servisse como guia para o restante do trajeto até a ilha, descobriram que ele trazia um pedaço de uma espécie de pão do tamanho de um punho, uma cabaça de água e algumas folhas secas como as que haviam sido oferecidas a eles pelos índios da outra ilha que haviam visitado e que, aparentemente, tinham muita importância também para ele, a julgar pelas atitudes do novo amigo e pela cerimonia com que as oferecia aos espanhóis.

A ilha de Cuba foi avistada no dia 28 de outubro e a frota atracou no dia seguinte, preparando imediatamente um grupo para desembarcar e inspecionar a ilha, fazendo contato com os habitantes que Colombo ainda acreditava serem chineses. Faziam parte desse grupo, Rodrigo de Jerez, amigo de Colombo e Luís de Torres, o intérprete. O grupo retornou depois de alguns dias sem haver encontrado nenhuma grande cidade. Na ilha foram recebidos amistosamente por indígenas da tribo Taino (hoje praticamente desaparecida) que viviam da agricultura e que, como os Lucayos da ilha de San Salvador, eram descendentes dos Araucos ou Arawaks, que habitavam praticamente todo o Caribe.

Em seu relato, os expedicionários disseram haver visto algumas coisas estranhas, inclusive alguns nativos carregando um pequeno tição aceso, feito de uma certa planta muito aromática e cuja fumaça costumavam inalar. Para europeus que nunca haviam visto uma pessoa inalar fumaça deliberadamente, este ato deve ter parecido extremamente estranho. Mesmo assim pelo menos dois deles, Rodrigo de Jerez e Luís de Torres, atreveram-se a provar o costume indígena. Não são conhecidos relatos detalhados desse primeiro encontro de um europeu com o tabaco, mas não é difícil imaginar o efeito causado em um organismo que nunca havia tido o menor contato com a nicotina.

Nada do que foi apreciado por estes dois fumantes foi registrado no diário de bordo da expedição de Colombo, diário esse que se perdeu, a não ser por uma cópia datada de 1514 (encontrada e publicada por volta de 1874), feita por Frei Bartolomeu de Las Casas. Esta cópia do diário de Colombo foi editada e comentada de acordo com a formação religiosa de Frei Bartolomeu e não descreve nada das características sensoriais do tabaco, focalizando apenas a ação do mesmo sobre a consciência dos fumantes. Segundo alguns autores, Frei Bartolomeu de Las Casas participou apenas da segunda viagem de Colombo as Antilhas, não tendo, portanto, sido testemunha dos fatos relatados no diário de bordo da primeira viagem.

Colombo permaneceu cerca de três meses no Caribe antes de retornar a Espanha, aonde chegou em março de 1493. No seu relato aos reis da Espanha pouco ou nada se mencionou sobre o tabaco, o que de qualquer maneira seria obscurecido pela sensação causada pela notícia da existência de

24

ouro no Novo-Mundo, como mostravam algumas poucas amostras trazidas pelo navegante. O ouro, e não o tabaco ou qualquer outra das riquezas aqui encontradas, passaria a ser o motivo determinante do entusiasmo dos outros aventureiros pela terra recém-descoberta. Apesar dessa falta de interesse a respeito do tabaco, notícias esparsas sobre a sua existência e seu uso começaram a chegar a Europa, embora muitas vezes essas notícias fossem de caráter depreciativo, devido à associação que os espanhóis e mesmo os portugueses faziam do uso do tabaco com práticas religiosas indígenas, consideradas hereges.

Relatos de Fernão Cortez, vindos do México, de Juan Ponce de Leon, da Flórida, de Gonzalo Fernandes de Oviedo, governador militar da ilha de Hispaniola

(hoje Haiti) e mesmo de Frei Bartolomeu de Las Casas que havia retornado ao Caribe, dão conta do uso do tabaco entre os índios e condenavam seu uso entre os europeus que aqui se aventuravam, prática esta que estava se tornando comum.

Europeus de outras nações que visitavam o Novo-Mundo, tinham, no entanto, uma perspectiva diferente sobre o uso do tabaco, achando-o um hábito interessante como disse Jacques Cartier. Este navegador francês havia vindo para a América entre 1534 e 1536 procurando outras rotas para o oriente e encontrou o tabaco no norte do continente americano sendo usado em cachimbos pela tribo dos iroqueses.

Todos estes relatos sobre o uso do tabaco pelos indígenas das Américas deixaram os europeus divididos entre a excitação de uma curiosidade exótica e a repulsa pela associação satânica feita por alguns relatos. Percebe-se que os europeus, longe da América, não conseguiam assimilar racionalmente o hábito de fumar (até porque não conheciam nada parecido) e ficavam admirados e muitas vezes indignados, quando viam algum marinheiro, que retornava de uma expedição à nova terra, fumando.

Um dos motivos que pode ter ajudado a alimentar essa repugnância ao tabaco, foi o fato de que muitos dos aventureiros que haviam contraído sífilis e outras doenças venéreas em suas viagens, fumavam tabaco como uma maneira de relaxar e aliviar as dores causadas pela doença.

A Expansão pela Europa.

Não se sabe com certeza quando o tabaco começou a ser levado para o continente europeu. Alguns relatos dão conta que em 1518, Fernão Cortez enviou ao Rei Carlos V da Espanha algumas sementes de tabaco que obteve na ilha de Tobago; nesse mesmo ano, segundo outros, o missionário espanhol Frei Romano Pane, também enviou ao rei algumas sementes de tabaco. Outros afirmam que foi um frei carmelita chamado André Thevet quem primeiro enviou sementes de tabaco do Brasil para a França. O próprio frei tentou provar este fato nos livros que escreveu sobre sua viagem ao Brasil.

Essas remessas de "cortesia" eram pontuais e somente quando a aversão "espiritual" pelo tabaco foi suplantada pela curiosidade e pelos relatos das qualidades médicas do mesmo, é que se começou a importar sementes de tabaco, nos anos entre 1550 e 1560.

Em 1559, Hernandez de Toledo, médico e nobre espanhol levou sementes de tabaco da ilha de São Domingos, que foram distribuídas entre Portugal e Espanha e aí plantadas, muitas vezes como ornamento.

Nesse mesmo ano, Jean Nicot de Villemain, embaixador francês na corte de Dom Sebastião de Portugal, conseguiu junto ao botânico português Damião de Góes, algumas sementes de tabaco que plantou nos jardins da embaixada francesa em Lisboa.

Nicot estava interessado nas propriedades terapêuticas do tabaco, deixando de lado a beleza da planta e que era responsável pelo seu sucesso nos jardins dos nobres até então. Depois de algum tempo e muitos testes médicos, Jean Nicot enviou folhas, sementes e instruções de uso para Catarina de Médicis, Rainha da França, que sofria de graves crises de enxaqueca. Motivado pela aceitação por parte da rainha, o uso do tabaco tomou conta da corte francesa, embora muito mais sob a forma de um pó para ser aspirado do que um "produto" para ser fumado.

Pelo importantíssimo papel de Jean Nicot na difusão do tabaco na Europa, a partir de 1570 a nova erva começou a ser chamada de "Erva Nicotiana" em sua homenagem e mais tarde quando a espécie foi classificada cientificamente, manteve-se o nome de "Nicotiana". Séculos depois, em 1753, quando se conseguiu a identificação do alcaloide do tabaco, este foi chamado de "nicotina", também em sua homenagem.

A partir daí o tabaco começou a se espalhar pela Europa por diferentes caminhos, inclusive sob o patrocínio da igreja e dos ricos comerciantes venezianos e genoveses. Na segunda metade do século XVI os médicos começaram a louvar as qualidades medicinais do tabaco elegendo-o como o remédio que podia curar as mais variadas moléstias.

Deve-se notar que o uso médico do tabaco ultrapassava em muito o uso recreacional, a tal ponto que muitas pessoas ainda tinham dificuldade em imaginar como se fumava tabaco; em segundo lugar o tabaco consumido na Europa na metade do século XVI era de produção local, de tal modo que o aumento de seu consumo obrigou a um aumento na produção na América e a um aumento no transporte do mesmo. O uso recreacional do tabaco era extremamente reduzido devido ao custo extremamente alto para o cidadão médio da Europa continental.

Em todos os lugares onde a introdução do tabaco se deu através de espanhóis e portugueses, o seu uso médico sempre foi priorizado. Um país, entretanto, adotou um enfoque diferente, popularizando o uso do tabaco como fonte de prazer e satisfação, utilizando um cachimbo para tanto, sem esquecer as propaladas virtudes médicas do tabaco. Esse país foi a Inglaterra.

Existem várias explicações possíveis para esse modo diferente dos ingleses. Uma delas refere-se a atitude dos mesmos em relação aos indígenas da região onde aportavam: enquanto os espanhóis conquistaram e destruíram todos os reinos indígenas do Peru até o México, os ingleses tornaram-se quase amigos dos índios da América do Norte. Em função dessa diferença de aproximação, os ingleses eram muitas vezes recebidos com o "cachimbo da paz" e, portanto, o seu primeiro contato como tabaco era muito mais prazeroso e menos traumático que o dos espanhóis. Em segundo lugar deve-se notar que os povos indígenas em contato com espanhóis e portugueses raramente se utilizavam de um cachimbo, mesmo durante as cerimônias religiosas onde se consumia tabaco. Tem-se como certo que os indígenas das Américas Central e do Sul, inclusive do Brasil utilizavam as folhas do tabaco enroladas e cobertas com uma capa que tanto podia ser uma folha do próprio tabaco como folha de palmeira ou de milho. Finalmente, por não terem as convicções religiosas derivadas do catolicismo que tinham os espanhóis e portugueses, os ingleses não associaram o uso do tabaco com as "práticas satânicas" que os ibéricos abominavam.

A introdução do tabaco na Inglaterra pode ser creditada ao trio formado pelo Almirante John Hawkins, Sir Francis Drake e Sir Walter Ralegh (ou Raleigh como é mais conhecido).

O mais provável é que membros da tripulação do almirante Hawkins adquiriram o hábito de fumar tabaco durante as excursões pelo Caribe desse corsário traficante de escravos em 1562, tendo levado o hábito de volta para a Inglaterra.

Sir Francis Drake, primo do Almirante Hawkins, também corsário a serviço da coroa inglesa foi agraciado com sacos de tabaco pelos nativos da costa da Califórnia onde aportou em junho de 1579 durante sua viagem ao redor do mundo feita entre 1577 e 1580. Esse tabaco, embora parte dele possa ter sido consumido pelos marinheiros da frota, foi levado para a Inglaterra.

O terceiro personagem, e o que ficou mais conhecido, com muitas lendas a seu respeito, foi Sir Walter Raleigh, corsário, poeta, aventureiro e grande amigo da Rainha Elizabeth I.

Desde o ano de 1570, o tabaco já era usado na Inglaterra, embora de maneira tímida, apesar da aprovação dos médicos, mas foi só a partir de 1586 que o mesmo se tornou popular, impulsionado pela figura de Raleigh fumando um cachimbo índio em público. Esse cachimbo ele havia recebido como presente de um seu amigo quando este retornou da colônia da Virginia na América do Norte.

Fumar tabaco virou moda na Inglaterra elisabetana e se espalhou velozmente por todo o país. O único fator que ainda dificultava a expansão do hábito de fumar era o preço elevadíssimo do tabaco e a sua escassez, que ainda ocorria apesar da tentativa de cultivo local. A situação somente começou a melhorar depois da terceira tentativa de se estabelecer a Colônia da Virginia na América do Norte em 1603. Apesar de não constar da lista inicial e oficial de produtos da colônia, o tabaco se tornou a principal fonte de renda, quando um inglês chamado John Rolfe aprimorou o seu cultivo usando sementes da espécie Nicotiana tabacum que havia trazido de ilha de Trinidad e mesclando as técnicas de plantio dos espanhóis com os cuidados com a plantação e colheita aprendidos com seus parentes índios. Rolfe era casado com uma jovem princesa índia chamada Pocahontas. A primeira exportação para a Inglaterra foi feita em 1613 e não parou de aumentar pois o tabaco produzido na colônia atendia ao gosto dos ingleses que desejavam um tabaco forte, mas mais adocicado que o que era aí produzido anteriormente, da espécie Nicotiana rustica. Em 1618 foram exportadas 20.000 libras, em 1622 foram 60.000 libras e em 1627 foram 500.000 libras. A colônia estava consolidada e havia nascido o tabaco Virginia.

No ano da fundação da Companhia da Virginia (1603) ocorreu a morte da protetora de Sir Walter Raleigh, a Rainha Elizabeth I. A partir daí o mesmo caiu em desgraça, terminando por ser decapitado em 1618. Dizem os relatos da época que o seu último ato antes da execução foi fumar um cachimbo que ele considerava como o amigo sempre presente nos momentos prazerosos e nas horas de agrura.

O resto do mundo

Enquanto na Inglaterra o hábito de fumar se propagava mais e mais, os marinheiros que tinham contato com o tabaco na América tratavam de espalhar o costume pelo resto do mundo. Quando não, o acaso se encarregava de espalhar o tabaco por alguns lugares. Aparentemente o mesmo chegou ao Japão em 1542 através de um navio naufragado cuja carga foi removida antes que se perdesse.

Os espanhóis levaram o tabaco para a Filipinas por volta de 1570 e daí o mesmo se espalhou pelo sudeste asiático, como na Tailândia e Camboja.

O tabaco chegou a Índia, provavelmente pelo entreposto comercial português em Goa, do mesmo modo que pela colônia de Macau, os portugueses levaram o tabaco até a China. Neste país o tabaco foi incorporado à milenar medicina chinesa, dentro do conceito do Yin-Yang, além de ter sido considerado como um elemento inspirador de poetas e escritores.

O maior impulso na propagação do tabaco, provavelmente foi dado pelos portugueses ao introduzir o tabaco na África. No início do século XVI, em consequência da expansão marítima, Portugal tinha uma presença predominante em toda a costa oeste da África, o que facilitou a disseminação do mesmo entre todas as tribos que habitavam esta parte do continente. Estas tribos por sua vez se encarregaram de levar o tabaco para as tribos do interior da África. Inicialmente o tabaco foi levado para a África a partir de fontes de suprimento na América, principalmente o Brasil, mas já na segunda metade do século, o mesmo era extensivamente plantado no continente.

O hábito de fumar não era desconhecido pelos africanos. A única diferença era a erva usada e o fato de que, como os integrantes das tribos indígenas norte-americanas, os africanos usavam diferentes tipos de cachimbo para consumir as ervas de sua preferência, inclusive da espécie Cannabis.

É interessante notar que apesar de sua familiaridade com o hábito de fumar e o conhecimento de outras ervas que podiam ser fumadas, os africanos criaram suas próprias histórias sobre a descoberta do tabaco. Para algumas tribos o tabaco havia sido um presente dos deuses para agradar aos homens, para outras, o tabaco havia sido trazido por um andarilho que o havia encontrado em uma parte não especificada do mundo.

Na Europa, entretanto, uma pequena nação havia recém-descoberto o tabaco através de seu contato com os ingleses e aderido fervorosamente ao uso do cachimbo e tabaco. Um país de pequena extensão territorial, a Holanda, ou Países Baixos como era chamada na época, tinha no comércio a sua principal fonte de riquezas. Seus navios se abasteciam de tabaco na América do Norte e no Brasil, aqui por meio da poderosa Companhia das Índias Ocidentais, estabelecida desde o Maranhão até a Bahia, e o distribuía através da Europa.

Os holandeses podem ser considerados como os primeiros a perceberem o valor do tabaco como moeda de troca e aproveitaram-se da falta de mão de obra nas lavouras de tabaco, estabelecendo entrepostos comerciais no Caribe (Curaçao, Aruba) e América do Norte (New Amsterdam, mais tarde New York) de onde recebiam tabaco em troca de escravos.

O ardor com que os holandeses aderiram ao cachimbo, pode ser visto nas pinturas dos grandes mestres holandeses como Rubens, Rembrandt e Vermeer, os quais, em uma grande quantidade de quadros, retratam nobres e plebeus com seus inseparáveis cachimbos. Muitos desses quadros retratam a realidade do dia a dia do país, pois eram obras encomendadas por nobres ou empresas comerciais.

Apesar das dificuldades e da repressão, o tabaco era uma realidade em meados do século XVII.

A repressão

Quem imaginar que as atuais campanhas antitabaco são invenções do século XX, não poderia estar mais enganado. Desde que os europeus entraram em contato com o tabaco em 1492, o mesmo passou a ser alvo de ataques repressivos por parte dos religiosos bem como por parte dos governantes e autoridades.

Inicialmente era a associação do uso do tabaco pelos europeus com as "práticas satânicas" dos indígenas da América que motivou os ataques contra o tabaco.

Um dos primeiros perseguidos pelo uso do tabaco foi Rodrigo de Jerez, participante da expedição de Colombo e um dos que primeiro provou o tabaco em terras do Novo Mundo. Rodrigo de Jerez voltou da expedição com o hábito de fumar as folhas que havia trazido, e por isso foi denunciado a Santa Inquisição pela sua esposa, como adepto de práticas de bruxaria por soltar fumaça pela boca e pelo nariz. Por sua amizade com Cristóvão Colombo, o mesmo escapou de ser queimado vivo, sendo condenado a três anos de prisão segundo alguns autores e a sete anos segundo outros.

Durante todo o século XVI o consumo de tabaco aumentou e se espalhou pelo mundo, apesar de todas a tentativas de banir o seu uso. No Brasil o seu uso era considerado "coisa dos infernos" e até autoridades como os donatários das capitanias hereditárias, eram acusados de ter parte com o demônio se fizessem uso do mesmo. Já na primeira metade do século XVII, alguns governantes juntaram sua aversão pelo tabaco com considerações de ordem econômica e tomaram para si o monopólio do comércio do tabaco ou simplesmente tiraram vantagem do mesmo, estabelecendo e aumentando taxas, mas sem impedir definitivamente o comércio. Com isso tentavam diminuir o uso do tabaco, mas sem deixar de lucrar com o mesmo.

A partir de 1603, ao assumir o trono da Inglaterra sucedendo a Isabel I, o Rei James I iniciou uma cruzada pessoal contra o tabaco com proibição de seu uso em público e com a publicação de panfletos de sua autoria contra o tabaco, sendo o "*Counterblast to Tobacco*" o mais inflamado deles. Isso não impediu que em 1624, ao ver o grande consumo de tabaco na Inglaterra, o rei dissolvesse a Companhia da Virginia, que produzia e comercializava tabaco entre a América e a Inglaterra, e assumisse o monopólio do tabaco. Seu filho, que o sucedeu no trono, reforçou as proibições em 1633, sem esquecer, entretanto, de coletar as altas taxas que eram impostas ao tabaco.

Na Rússia, entre 1613 e 1645, o Tzar baixou um decreto tornando o consumo de tabaco uma ofensa capital e punindo os transgressores (leia-se fumantes e comerciantes) com penas que variavam da mutilação, ao açoite (frequentemente fatal), à castração e, para os mais ricos e influentes, o exílio na Sibéria.

O imperador otomano Amurate IV, antitabagista ferrenho, também tentou impedir a expansão do consumo de tabaco em seus domínios com a adoção de penas severas para os fumantes, que iam do açoite até a decapitação. Também na Pérsia a pena de morte era aplicada aos comerciantes de tabaco.

Na Ásia, Japão e China instituíram penas capitais para os fumantes, mas a paixão popular foi mais forte e na segunda metade do século XVII o hábito de fumar foi legalizado.

Mesmo dentro da Igreja, o campo doutrinário tornou-se um lugar de disputa entre tabagistas e antitabagistas. O uso do rapé e tabaco entre os padres chegou a tal ponto que o papa Urbano VIII foi obrigado a ameaçar de excomunhão quem fumasse ou cheirasse rapé dentro das igrejas ou durante as missas. Os papas Inocêncio X e Bento XIII afrouxaram esta proibição nos anos seguintes, provavelmente por insistência de seus fiéis.

Trezentos e cinquenta anos depois essas proibições voltam a assombrar os aficionados do tabaco, e embora a pena de morte tenha sido abolida, as autoridades de quase todos os países acenam com a possibilidade de morte natural antecipada na tentativa de frear o consumo de tabaco. O espaço disponível para os fumantes está sendo reduzido através de leis e campanhas antitabaco.

O comércio

No início do século XVII os holandeses já eram os principais fornecedores de diversos produtos aos colonos da Virginia e entre esses produtos estavam os escravos usados nas plantações de tabaco. Tendo percebido o poder do tabaco como moeda de troca, os holandeses recebiam o mesmo em pagamento dos bens e escravos que forneciam, e distribuíam esse tabaco por todo o seu vasto território mercantil. Os holandeses comerciavam com africanos, árabes, indonésios, chineses e japoneses, e em muitos lugares o tabaco era o único produto aceito como item de troca. A poderosa Companhia Holandesa das Índias Orientais era a responsável por toda essa movimentação em conjunto com sua coirmã a Companhia Holandesa das Índias Ocidentais que atuava no Brasil e Caribe.

O poder de barganha do tabaco era tal que em 1652, os holandeses compraram toda a península do Cabo da Boa Esperança, no extremo sul da África, usando o tabaco como parte do pagamento.

Toda essa dominação do transporte do tabaco não passou despercebida ao governo da Inglaterra, que em 1650 decretou que todo o tabaco importado pelo país só poderia ser transportado em navios ingleses ou do país produtor. O resultado desse decreto foi o estabelecimento de um estado de guerra entre a Holanda e a Inglaterra, o que facilitou o surgimento de outros transportadores e comerciantes, principalmente a partir de países produtores como a China que passou a fazer boa parte do transporte asiático.

Na América, os produtores da Virginia também se especializaram no comércio entre as colônias e as ilhas do Caribe.

No fim do século XVII uma superprodução de tabaco ocasionou uma brutal queda nos preços, que resultou num desastre econômico para as colônias americanas. No entanto, diversas leis promulgadas nessa época foram capazes de restabelecer o valor econômico do tabaco, a tal ponto que por volta de 1730 o mesmo adquiriu o "status" de dinheiro oficial com a emissão de notas de troca, que podiam ser usadas na compra de outros insumos.

O tabaco no Brasil

O uso do tabaco pelos indígenas do Brasil começou lado a lado com o uso pelas outras tribos do continente. Como já foi mencionado, nos sambaquis da ilha de Marajó foram encontrados cachimbos datados de 980 A.C a 350 A.C. o que mostra que nossos indígenas já fumavam quase 2500 anos antes de Pedro Alvarez Cabral aportar em Porto Seguro na Bahia. Infelizmente não foi possível saber o que foi fumado nesses cachimbos, mas como mencionado a seguir, o Frei André Thevet descreveu já em 1555 o uso do tabaco pelos índios Tupinambás no litoral da Bahia e do Rio de Janeiro.

Por volta dessa época a corte portuguesa já estava empolgada com as descrições das propriedades características da planta que crescia na colônia de além-mar e que fora levada para Portugal por Luís Góes.

Algumas das primeiras menções ao tabaco no Brasil, entretanto, foram feitas pelo Frei André Thevet que chegou ao Brasil por volta de 1555 acompanhando a expedição de Nicolas Durand de Villegaignon, e que recebeu amostras da planta dos índios Tupinambás, habitantes da região do Rio de Janeiro, onde a expedição chegou para tentar estabelecer a "França Antárctica". Seus relatórios para o rei Carlos V da França ficaram famosos na corte francesa apesar de haverem sido taxados de fantasiosos por muitos críticos e historiadores.

Em seu livro "Les Singularitez de la France Antarticque", publicado em 1558, Frei André Thevet descreve como os indígenas deixavam a folha de tabaco secar, para depois enrolar as mesmas com folhas de palmeira, folhas de bananeira ou mesmo folhas de milho, produzindo assim uma espécie de charuto rústico, bastante semelhante ao que os tripulantes da frota de Colombo viram na ilha de Cuba.

É interessante notar que esses relatos da existência e uso do tabaco entre nossos indígenas, foram escritos mais de 55 anos depois da carta de Pero Vaz de Caminha dando conta ao rei D. Manuel de Portugal da descoberta do Brasil. A carta de Caminha descreve os indígenas em sua aparência (provavelmente da mesma tribo dos Tupinambás que Frei Thevet encontrou 55 anos depois), relata como dormiam, como comiam e o que comiam, a maneira como se aproximaram dos portugueses, seu costume de andarem nus e pintarem os corpos, mas não faz menção à existência de qualquer coisa que se possa assumir ser tabaco ou ao hábito de fumar.

Os portugueses degredados ou os que vieram colonizar o Brasil aderiram em grande número ao hábito dos indígenas, apesar de todas as restrições e à repressão impostas pela igreja. Os primeiros colonos obtinham o tabaco diretamente dos índios por meio de um sistema de trocas que, como era de se esperar, era altamente vantajoso para os colonos e prejudicial para os indígenas. Esse sistema perdurou durante toda a segunda metade do século XVI, até mais ou menos 1590, quando os colonos perceberam que estava cada vez mais difícil o comércio como os índios e que se não tomassem alguma providência, ficariam sem tabaco.

As primeiras plantações de tabaco eram uma atividade doméstica exercida em áreas reduzidas da região nordeste e destinadas basicamente a garantir o consumo próprio, apesar das grandes possibilidades de fazer disso uma atividade lucrativa, devido ao aumento da procura do tabaco pela Europa, onde o consumo crescia a cada ano.

A situação, entretanto, manteve-se inalterada até a segunda metade do século XVII, quando alguns senhores de engenho começaram a diversificar seus negócios e a investir na produção de tabaco em maior escala, usando mão de obra escrava.

A única discrepância nesse cenário de cultura doméstica, ocorreu já no início do século XVII quando da invasão holandesa no Maranhão. Quase toda o tabaco produzido na área sob ocupação era comercializado pela Companhia Holandesa das Índias Ocidentais, mas o monopólio do comércio, exercido pelos holandeses impedia a distribuição local do produto.

Somente após a expulsão dos holandeses é que os portugueses assumiram efetivamente o monopólio, estabelecendo inclusive a destinação de cada tipo de tabaco produzido na colônia e impondo pesados impostos sobre o produto. Pouco depois de 1670 começaram a ser promulgados regulamentos de comércio do tabaco entre as colônias portuguesas, bem como o controle da produção e cargas transportadas, sempre procurando otimizar a coleta de impostos. Em 1674 foi criada a Junta de Administração do Tabaco que além de estabelecer os regulamentos para o Brasil e todas as colônias, estipulou também os valores para a tributação do produto.

Na metade do século XVIII, sob a orientação do Marquês de Pombal, foram criados regulamentos e leis para coibir fraudes na produção do tabaco, regulamentos esses que vigoraram até a independência do Brasil em 1822 e em alguns casos por mais alguns anos.

Do produto de melhor qualidade exportado para Portugal, mais da metade era comercializado na Europa e o restante consumido no país. O tabaco que não era exportado era consumido aqui mesmo no Brasil e uma parte considerável dele passou a ser usado como moeda de troca no tráfico de escravos africanos, coisa que os holandeses já vinham fazendo a mais de um século.

Como fim da escravidão no Brasil, o tabaco usado para pagamento do tráfico passou a ser oferecido na Europa, não havendo uma alteração significativa na produção.

A política colonialista de Portugal proibia que o Brasil ou qualquer outra colônia tivesse fábrica em seu território, o que fazia do país um mero exportador de matéria prima, no caso o tabaco.

O processamento do mesmo era feito exclusivamente pela metrópole (a primeira fábrica de rapé em Portugal foi fundada por volta de 1740) e só com a fuga da família real para o Brasil e a elevação do país a categoria de Reino-Unido, é que foi possível a D. João VI conceder um alvará para a instalação da primeira fábrica de rapé no Brasil, por volta de 1817.

A partir daí, e muito mais após 1822 com a independência do Brasil e livre das imposições comerciais da metrópole portuguesa, o tabaco se consolidou como um dos elementos principais da economia nacional com o surgimento de várias indústrias de processamento de tabaco, principalmente na Província do Rio de Janeiro. Por volta de 1850 a produção do Rio de Janeiro que era o grande produtor de rapé do país, cujas industrias no seu auge chegaram a produzir mais de 150 toneladas anuais, começou a declinar com a introdução de um novo modismo no consumo de tabaco: o charuto. Os charutos eram apenas o aperfeiçoamento dos "rolinhos" que os tripulantes da frota de Colombo viram pela primeira vez com os indígenas da ilha de Cuba em 1492 e que os indígenas brasileiros também usavam.

O desenvolvimento industrial da produção de charutos iniciou-se por volta de 1840 com o surgimento de cooperativas de produtores em São Leopoldo, no Rio Grande do Sul, cuja produção anual chegava a quase

260.000 unidades. O crescimento da produção de charutos no país foi vertiginoso e atingiu cerca de 40 milhões de unidades na segunda metade do século, para passar de 60 milhões por volta de 1895. Esse crescimento extraordinário a partir de 1850 deveu-se em grande parte ao surgimento na Bahia de grandes nomes no mercado tabagista como Danneman, Suerdieck e Pimentel, em contraste com as quase 300 pequenas empresas espalhadas pelo país nessa época.

A segunda metade do século XIX foi pródiga em novidades no mercado tabagista brasileiro. Ao mesmo tempo em que a produção de charutos atingia seu auge, uma outra novidade começava a surgir: o cigarro.

Estabelecida em Sevilha, na Espanha, desde o ano de 1687, a "Fábrica Del Tabaco" produzia diferentes tipos rapé e por volta de 1730 iniciou a produção de charutos e de um produto destinado as camadas mais pobres da população: tabaco picado. Substituir folhas de milho ou bananeira por papel para enrolar o tabaco picado foi um passo natural para os habitantes das cidades de Sevilha e Cadiz, dando origem ao produto conhecido como "papelote" ou "papelate". Quando a França invadiu a Espanha e coroou Joseph Bonaparte para governar o país, os oficiais franceses logo adquiriram gosto pelos charutos espanhóis, ao passo que os soldados se voltaram para os "papelotes ". Com a derrota pelos espanhóis em 1814, com a ajuda de tropas inglesas (que também adquiriram o hábito de fumar charutos e "papelotes"), os soldados franceses retornaram ao seu país levando consigo o hábito adquirido. O hábito se difundiu de tal modo que em 1843 ou 1845 a "Regié Française des Tabacs" começou a fabricar "cigarrettes", que foi o nome dado pelos franceses ao "papelote" espanhol. A primeira marca comercializada chamava-se "Hongroises", e um pouco mais tarde teve seu nome mudado para "Gauloises", marca essa que perdura até os nossos dias.

A novidade só chegou ao Brasil na segunda metade do século XIX, sendo que a partir de 1875 foram instaladas várias fábricas para processamento de tabaco tanto para venda local como para exportação. Nessa época foi instalada na cidade do Rio de Janeiro uma empresa que recebeu o nome de "Estabelecimento Imperial de Tabaco" e que nos anos seguintes produziu um dos tabacos mais conhecido do Brasil até o início do século XX. Uma das curiosidades a respeito dessa empresa é que entre seus funcionários havia um jovem imigrante português chamado Albino Souza Cruz, que depois de mais de 15 anos de trabalho deixou a empresa para fundar sua própria companhia de tabacos. Em fevereiro de 1903 ele registrou na Junta Comercial do Rio de Janeiro aquela que viria a tornar-se uma das maiores empresas do mundo no ramo: a Companhia de Cigarros Souza Cruz. A produção de cigarros foi iniciada em abril do mesmo ano utilizando uma das primeiras, senão a primeira máquina automática de produção de cigarros do Brasil. Em 1914 a empresa foi adquirida pela British American Tobacco, mas conservou o nome original e Albino de Souza Cruz foi mantido como o principal executivo da empresa até afastar-se em 1962.

Nos anos seguintes outras empresas internacionais se instalaram no país, como a Reinolds, a Philips Morris e a Rothmans, concorrendo com empresas nacionais como a Cia. de Cigarros Sudan e outras de menor porte.

Tabaco para cachimbo

A produção de tabacos para cachimbo no Brasil carece de informações fidedignas sobre a sua evolução.

No início do século XX estabeleceu-se em Juiz de Fora a empresa de tabacos Wilder Finamore, fundada por imigrantes italianos que já no seu país de origem se dedicavam ao cultivo e produção de tabacos. Além dela, a Cia. de Cigarros Souza Cruz fabricou, entre outras marcas, a tradicional Bulldog, hoje licenciada para produção pela Finamore. Da metade do século passado até hoje outras marcas surgiram como a Giovanella, a Tobac e a Geróss. Todas essas marcas têm em comum a produção de misturas aromatizadas que parecem ser a preferência da maioria dos fumantes brasileiros de cachimbo, por preferência mesmo ou por falta de opções e conhecimento. Tabacos Latakia, Perique ou Orientais sempre estiveram ausentes das misturas locais.

A planta

Do ponto de vista botânico, o tabaco é uma planta pertencente à família das *solanáceas* e ao gênero *Nicotiana*. Este nome foi criado em 1565 por Adam Lonitzer em homenagem a Jean Nicot como já foi dito, tendo sido adotado por Jacques Dalechamp em 1566, por Joseph Tournefort em 1701 e definitivamente consagrado no sistema taxonômico de Carolus Linnaeus em 1753. Da família das solanáceas fazem parte muitos outros vegetais de grande interesse agrícola como a batata, o tomate, a berinjela, a pimenta vermelha, a beladona e a mandrágora.

Do gênero *Nicotiana*, são cerca de 60 espécies que hoje em dia podem ser encontradas espalhadas pelo mundo em zonas tropicais ou temperadas, mas principalmente nas Américas. Algumas dessas espécies contem alcaloides como a beladona, que contem atropina e escopolamina, (dois alcaloides extremamente perigosos se ingeridos inadvertidamente), a figueira-brava ou estramônio, possuidora do alcaloide atropina e muitas outras.

Uma grande parte dessas espécies contém o alcaloide *nicotina* em proporções variáveis e entre elas podemos citar:

Nicotiana tabacum

Nicotiana rustica

Nicotiana alata

Nicotiana bigelovii

Nicotiana glauca

Nicotiana langsdorfii

Nicotiana sylvestris

Nicotiana persica

De todas estas espécies, entretanto, somente três se prestam para a produção de tabaco: a Nicotiana tabacum, a Nicotiana rustica e a Nicotiana persica, sendo aquela muito mais comum e mais utilizada.

Algumas das outras espécies, como p.ex. a beladona e a Nicotiana glauca, conhecida como charuteira, contem além da nicotina (esta em pequenas proporções), outros alcaloides perigosos como a anabasina e se ingeridas, por serem algumas vezes confundidas com vegetais comuns e consumidas como tal, causam graves acidentes de intoxicação (frequentemente fatais) devido à presença desses alcaloides.

Uma classificação exata do gênero *Nicotiana,* seus subgêneros e espécies é muito complexa e demorada, fugindo do propósito mais informativo deste capítulo.

A nicotina está presente na *Nicotiana tabacum* em toda a planta, mas principalmente nas folhas, variando de 1,5% a 3,5% dependendo da posição da folha. A *Nicotiana rustica*, conhecida em alguns países como *mapacho*, pode chegar a 9 ou 10%.

A *nicotina* foi observada pela primeira vez em 1809 pelo químico francês Nicolas Vauquelin que a chamou de "essência do tabaco". A mesma só foi isolada em 1828 por Ludwig Reimann e Wilhelm Heinrich da Universidade de Heildeberg na Alemanha. Estes dois jovens foram responsáveis pelo batismo da "essência do tabaco" atribuindo-lhe o nome de *nicotina* em mais uma homenagem póstuma ao francês Jean Nicot.

Nicotiana tabacum   Nicotiana rustica

A cultura

Quem observa uma plantação de tabaco com suas plantas altas (mais de 2m), viçosas, com folhas grandes e macias de um verde intenso encimadas (pelo menos por parte do tempo) por flores grandes rosadas ou vermelhas, não pode imaginar a fragilidade do vegetal no seu início de vida e os cuidados necessários para que a planta se desenvolva.

Nossos índios já sabiam disso e tinham os cuidados necessários para o seu desenvolvimento, tanto que, como já foi dito, gravuras feitas por viajantes da época do descobrimento mostram a aldeia indígena com uma área isolada e cercada onde era plantado o tabaco.

O tabaco é uma planta perene, o que significa que pode brotar novamente de suas raízes a cada ano, mas os agricultores e produtores logo perceberam que o tabaco produzido no primeiro ano é bem superior ao dos anos seguintes, razão pela qual raramente se colhem as folhas de um mesmo pé por dois anos seguidos.

O tabaco cultivado hoje em dia, embora pertencente aos mesmos gêneros da Nicotiana tabacum e Nicotiana rustica, é de muito melhor qualidade e de maior variedade, que o tabaco que se obtinha no início do seu cultivo pelo mundo. A necessidade de adaptação a solos e condições climáticas diferentes dos da América, alterou substancialmente o caráter da espécie. Métodos de cultivo novos e melhorados, progresso considerável nas técnicas de secagem e fermentação, também contribuíram para isso.

Solo e condições climáticas, como já foi dito, causam uma enorme diferença entre dois tipos de tabaco, mas alguns processos são comuns a todos os tipos. Os métodos de semeadura, transplante das mudas e colheita são os mesmos para todos os tipos de tabaco, ficando por conta da secagem e fermentação o estabelecimento das diferenças de aroma e sabor entre os diferentes tipos, originados de uma mesma espécie de planta.

A cultura do tabaco é um trabalho que demanda grande quantidade de mão de obra pois as plantas recebem cuidados individuais para garantir o crescimento de um espécime saudável e perfeito.

Tudo se inicia evidentemente com a semeadura. As sementes do tabaco por si só já são uma curiosidade, devido ao seu tamanho quase microscópico; uma única grama de sementes pode conter de 10.000 a 12.000 unidades, o que torna a semeadura um processo delicado pois é muito fácil plantar mais sementes que o necessário ou espalhá-las por uma vasta em caso de vento.

Para facilitar o manuseio e o plantio das sementes, usa-se o encapsulamento ou peletização das mesmas com materiais inertes para aumentar o seu tamanho.

A plantação de tabaco tem início em canteiros especiais e protegidos onde a semente é colocada em fileiras espaçadas, garantindo que as plantas germinem livremente, sem terem que competir com plantas vizinhas por umidade e nutrientes, o que prejudicaria o seu crescimento. Os canteiros são cuidadosamente preparados para receber as minúsculas sementes com a adição de nutrientes e fertilizantes e um trabalho cuidadoso para evitar um solo com grãos muito grandes que poderiam dificultar a germinação.

As sementes recém-plantadas são, muitas vezes, protegidas com palha ou tecido poroso para evitar um excesso de insolação e também proteger os brotos que afloram, do ataque de insetos.

Ao mesmo tempo em que cuidam das plantas no "berçário" os agricultores começam a arar e preparar o campo que vai receber as pequenas plantas. Fertilizantes, nutrientes e corretores de pH do solo são aplicados.

Quando as plantas no viveiro atingem o tamanho adequado (o que ocorre dentro de 30 a 40 dias) elas são transplantadas para o campo de cultivo, já preparado e fertilizado. Até o início do século XX este processo todo era manual, mas hoje em dia parte dele já é automatizada. A produção de tabacos para charutos em Cuba, entretanto, ainda é executada praticamente da mesma maneira que era feita a mais de 100 anos, inclusive com o uso de arados de tração animal para não compactar o solo.

As plantas são colocadas a uma distância tal uma da outra, para que haja espaço suficiente para que suas folhas cresçam sem interferir uma com as outras. A erradicação de ervas daninhas ou outras plantas que possam crescer entre a fileiras das plantas de tabaco é outra das preocupações dos agricultores, para evitar que possam "roubar" parte dos nutrientes destinados ao crescimento das plantas de tabaco.

Nesta fase é feita a aplicação de inseticidas e fungicidas para combater as diversas pragas que podem atacar as plantações. Um pequeno furo feito por uma lagarta nas folhas de tabaco destinadas à produção de capas de charuto pode torná-las inútil para esta finalidade.

Com o auxílio da mãe natureza, em pouco tempo as plantas terão atingido mais de 1,50 m de altura e novamente demandarão uma atenção redobrada dos agricultores. É que neste ponto começam a surgir as lindas flores de tabaco (onde estão as vagens que contém as sementes) e que para crescer gastarão boa parte da energia da planta, energia essa que é mais bem aproveitada no crescimento das tão desejadas grandes folhas de tabaco. Para evitar esse gasto desnecessário de energia, as flores são cortadas numa operação que os americanos chamam de 'topping' e os brasileiros de decapitação ou capação. Essa operação terá de ser feita repetidas vezes, antes que a planta esteja pronta para ser colhida. Se não bastassem as flores, a natureza ainda continua tentando produzir mais folhas, fazendo aparecer pequenos brotos na junção das folhas com o caule. Pela mesma razão que as flores são cortadas (conservação de energia), essas pequenas folhas também são cortadas.

Tanto o corte das flores como o dos brotos é feito manualmente e de tal maneira que não danifique as folhas existentes ou o caule da planta.

Parece óbvio que se as flores encontradas na parte superior da planta e que contém as vagens onde se encontram as sementes do tabaco, são cortadas, não haverá sementes para as próximas safras. O problema é solucionado cultivando-se algumas plantas exclusivamente para a produção de sementes.

Com a constante atenção dos agricultores, as plantas continuam crescendo até atingir uma altura, frequentemente, superior a 2m, quando estarão prontas para a colheita das folhas.

Plantação de tabaco

Pragas e mofo

Como acontece com todas as lavouras no mundo, a lavoura do tabaco também pode ser atacada por insetos e fungos que podem destruir todo um campo plantado ou, na melhor das hipóteses, causar danos à folha do tabaco. Estes danos às folhas são um problema enorme nas plantações de tabaco para charuto, pois um pequeno furo na folha de capa de um charuto pode torná-la inútil. Nas plantações de tabaco para cigarros e cachimbos, este problema não é tão sério, pois as folhas terminarão sendo cortadas, mas a presença dos insetos e larvas que causam os furos indica uma infestação que pode vir a destruir toda a plantação.

Os agricultores evitam aplicar inseticidas nas plantações de tabaco, mas se tiverem que fazê-lo, preferem que seja feito quando a planta ainda é pequena por ser mais fácil a aplicação e por haver mais tempo para o inseticida desaparecer até que a planta esteja pronta para ser colhida.

Além dos insetos, fungos e mofo podem atacar as plantações de tabaco. Folhas úmidas devido a chuvas e irrigação são particularmente propensas a mofar. Por este motivo os agricultores, na falta de chuvas, preferem irrigar as plantas usando um sistema que molhe as raízes e não as folhas, e quando há uma chuva mais pesada, andam pelas plantações sacudindo as folhas para eliminar o excesso de umidade.

Uma praga particularmente devastadora é o chamado mofo azul que, na década de 1980, destruiu boa parte das plantações de Honduras. Essa espécie de mofo é tão devastadora que em pouco mais de 48 horas pode destruir toda uma plantação de tabaco.

É interessante notar que a espécie de fungo que causa o mofo azul no tabaco (Penicillium expansum) é da mesma espécie (Penicillium) que é usada na fabricação dos queijos roquefort e gorgonzola, provando que o que é péssimo para uns é ótimo para outros.

A colheita

A colheita das folhas de tabaco tem início quando as mesmas começam a apresentar sinais de que já atingiram o ponto máximo de maturação. Os tabacos tipo Virginia levam um pouco mais de tempo maturando que os tabacos do tipo Burley, que são colhidos quando as folhas começam a mostrar sinais de que estão perdendo um pouco de sua flexibilidade e a apresentar uma coloração marrom amarelado.

O enorme trabalho desenvolvido pelos agricultores até este ponto, continua: a colheita nos dias de hoje é feita folha por folha de acordo como a sua localização no pé. Antes do século XIX a colheita era feita cortando-se a planta próxima à raiz, e o caule era removido após a secagem das folhas.

As folhas amadurecem da base para o topo da planta e nessa ordem são colhidas.

Para efeito de classificação, a planta do tabaco é dividida em três seções principais e outras subseções ao longo do caule. Os nomes das seções variam de acordo com o processador e região de produção e as folhas colhidas são catalogadas de acordo com essa classificação, sendo que a colheita dura vários dias, até que finalmente só restam os caules, que são derrubados e deixados apodrecer, transformando-se em adubos para as próximas semeaduras.

Algumas das folhas colhidas apresentam defeitos que vão desde formas imperfeitas e tamanhos menores que o desejado, até furos e rasgos causados por aves, insetos e larvas.

Levando-se em conta a sua posição na planta, sua cor, sua estrutura e espessura, seu aroma, sua integridade física e região de produção, as folhas são classificadas nas empresas de processamento em mais de 100 classes após a secagem.

Quanto mais altas no pé estiverem as folhas maior será o seu teor de nicotina, de tal modo que as folhas mais altas não podem ser usadas de modo exclusivo em tabacos para fumar. As mais usadas na fabricação de misturas são as folhas da parte intermediária da planta, chamadas por alguns de folha ou folha de fumar e por outros de folhas de baixeiro e do baixo meio pé.

Industrialização

Uma vez colhidas as folhas de tabaco, tem início a fase da industrialização. Esta é a fase em que o homem ajuda a natureza a transformar uma planta verde, úmida e viva, quase impossível de se acender e muito menos de ser mantida acesa, em um produto de aromas e sabores incomparáveis que liberam todo o seu encanto ao ser queimado e mantido queimando durante longos períodos de pura alegria e contemplação.

A necessidade dessa transformação da folha de tabaco é conhecida desde a chegada dos europeus ao Novo Mundo, pois na transcrição do diário de viagem de Cristóvão Colombo por Frei Bartolomeu de Las Casas, o mesmo diz que "... tinham ervas para fumar. Essas ervas eram secas, colocadas em uma folha seca...".

Não se sabe qual foi o processo dedutivo que levou os antigos fumantes a descobrirem a necessidade de secar as folhas de tabaco, mas é fácil intuir que a facilidade de se acender uma folha seca foi um fator preponderante. É provável também que o melhor sabor e aroma resultantes da queima das folhas secas, seja outro dos fatores.

Os termos cura e secagem tem o mesmo significado, ao contrário de fermentação, que é o passo seguinte no processamento de certos tipos de tabaco.

Após a secagem as folhas de tabaco perdem de oitenta a noventa por cento de seu peso, além de sofrerem transformações químicas que degradam sua clorofila (por isso perdem a cor verde), transformam suas proteínas, açucares e amidos e concentram seu sabor.

Preparação

Desde 1617 se sabe que as folhas de tabaco "curam" melhor quando penduradas.

Diversas folhas recém-colhidas são atadas pela extremidade dos talos, formando feixes que são pendurados em traves de madeira bem seca (para evitar que odores estranhos contaminem o tabaco). Essas traves é que são levadas ao local de secagem e penduradas lado a lado, formando uma imensa cortina de folhas verdes levemente amareladas e que serão submetidas a um dos processos de secagem, ou cura, catalogados pelo Departamento de Agricultura dos Estados Unidos.

Hoje em dia alguns produtores usam um sistema a granel, onde as folhas, em vez de serem atadas, são presas em grande quantidade entre duas lâminas metálicas e penduradas para secar.

Antes de serem penduradas, as folhas são limpas para retirar lama e gravetos aderidos às mesmas.

Existem quatro processos de cura de tabaco, que são: cura ao ar, cura ao sol, cura em estufa e cura ao fogo.

Folhas de tabaco preparadas para curar

Cura ao ar

O processo de cura ao ar, com toda certeza, foi um dos primeiros, senão o primeiro processo de cura de folhas de tabaco, inventado séculos atrás.

As folhas, colhidas e penduradas nas traves, são levadas a um galpão para secar ao abrigo do sol, mas expostas ao ar. As traves são penduradas em três ou quatro níveis, à razão de mais ou menos duzentas folhas por metro cúbico de espaço. A construção do galpão é feita de tal maneira que no caso de muita chuva ou frio, o mesmo pode ser fechado, mantendo as condições de cura do tabaco. Essa cura leva de trinta a sessenta dias, dependendo das condições atmosféricas, e é considerada terminada quando o talo central da folha estiver seco e as mesmas tiverem perdido sua cor verde e adquirido uma tonalidade amarelada.

Este processo é usado para a cura de tabacos escuros na América do Sul e Cuba, ou seja, tabacos para charutos e também na França para tabacos e cigarros fortes e baratos.

No Brasil o processo de cura ao ar recebe o nome de cura de galpão.

Cura ao sol

O processo de cura ao sol surgiu provavelmente ao mesmo tempo que o processo de cura ao ar. As folhas de tabaco são colocadas para secar ao sol, o que acelera o processo e torna o produto final mais escuro. O processo dura em média de dez a quinze dias.

Hoje em dia este processo é pouco empregado, restringindo-se aos tabacos ditos Orientais.

Cura em estufa

O processo de cura em estufa ou cura ao calor (chamado em inglês de flue curing) é um dos processos mais usados nos dias de hoje, por ser o processo aplicado na cura dos tabacos claros tipo Virginia, que constituem a maior parte da produção mundial.

As folhas colhidas e penduradas nas traves são conduzidas a uma estufa muito semelhante aos galpões usados na cura ao ar, mas acrescidos de tubulações que conduzem ar quente originado em uma fonte externa de calor, que pode ser uma caldeira ou um forno. Neste processo o tabaco, que não é exposto a fumaça ou outros gases, é mantido por mais ou menos uma semana a uma temperatura que é elevada de 35 a 55 °C em etapas cuidadosamente controladas para evitar uma secagem muito lenta ou muito rápida. Ao término do período de aquecimento as portas da estufa são abertas para permitir que o tabaco esfrie e as folhas absorvam a umidade do ar e percam seu caráter quebradiço, permitindo que sejam manuseadas.

Este "apressamento" da secagem diminui a oxidação das folhas quando comparado com a cura ao ar e mantém mais elevado seus teores de açucares, os quais são consumidos durante o ato de fumar, originando uma reação ácida, ao contrário dos tabacos com pouco ou nenhum conteúdo de açúcar que originam uma reação básica. O teor de nicotina dos tabacos secos por este processo também é menor que o teor encontrado nos tabacos de cura ao fogo. Esta conjugação de maior teor de açúcar com menor teor de nicotina dá ao tabaco curado em estufa um sabor mais delicado e mais adocicado e menos áspero.

Conta-se que o processo foi inventado entre 1860 e 1865 na Carolina do Norte nos Estados Unidos, quando um trabalhador colocou carvão para avivar o fogo que estava sendo usado para curar tabaco do tipo Virginia. O calor resultante do fogo sem fumaça produziu um tabaco mais claro que o esperado e com um sabor e aroma mais sutis e menos encorpados que aqueles que se obtinha com a cura ao fogo, cujos produtos finais eram mais fortes, menos adocicados e menos delicados.

Foi um feliz acaso que este "acidente" tenha ocorrido durante a cura de tabacos claros do tipo Virginia, pois anos antes a tentativa de se usar apenas calor para curar tabacos mais escuros de outras regiões não havia dado resultado satisfatório. Hoje em dia 60% da produção americana de tabaco e 43% da produção mundial é curada pelo processo estufa.

Tabacos para cura em estufa são também cultivados no Brasil, Japão, Canadá, Tanzânia, Malawi, Rodésia (alguns dos melhores), Índia, Filipinas e muitos outros países, além dos Estados Unidos. A China é um dos maiores produtores mundiais desse tipo de tabaco mas quase toda a sua produção é voltada para o mercado interno.

Cura ao fogo

O termo "cura ao fogo" não é exatamente descritivo do processo de secagem que tem esse nome, pois o efeito de secagem é obtido pelo calor e pela fumaça que emana do fogo baixo (quase somente brasas) alimentado por serragem ou tocos de madeiras duras e aromáticas como o carvalho, além de ervas especiais também aromáticas como a murta. Este processo dá ao tabaco um aroma e um sabor amadeirados que variam conforme a madeira e as ervas utilizadas no fogo. O período de secagem varia de três a cinco dias, mas pode estender-se por muito mais tempo se o clima estiver muito úmido.

Os primeiros a usar este processo, embora involuntariamente no início, foram os índios norte-americanos que no inverno levavam para dentro de suas tendas o tabaco colhido e seco nos meses anteriores. Ali, penduradas sobre a fogueira que mantinham aquecidas as tendas, as folhas adquiriam o sabor e o aroma das plantas utilizadas para alimentar a fogueira.

Hoje em dia este processo é usado para secagem de alguns tabacos Burley, do Kentucky nos Estados Unidos e na produção do famoso tabaco Latakia, na Síria ou em Chipre. Na produção deste tabaco, o tipo de madeira e das ervas usadas na alimentação do fogo é que são o grande diferencial.

O local para cura ao fogo é bastante semelhante ao usado para a cura em estufa, com a diferença que não há tubulação para condução de calor e o fogo é aceso no chão do ambiente e alimentado manualmente com madeiras aromáticas e ervas especiais.

Além desses tabacos especiais, a cura ao fogo é usada na produção de tabacos para mascar e para a fabricação de charutos fortes e baratos.

Os processos de cura acima mencionados permitem variações específicas de acordo com o tipo de tabaco, como por exemplo os "Dark Air Cured Burley" (Burley escuro curado ao ar) e os "Light Air Cured Burley" (Burley claro curado ao ar). Essas particularidades serão detalhadas mais adiante, quando tratarmos dos tipos de tabacos existentes.

Fermentação

Terminada a secagem ou cura das folhas de tabaco, o processamento seguinte, que pode ser chamado de fermentação, depende do tipo de tabaco. Alguns dos processos específicos de um tipo de tabaco (como por exemplo o Perique) serão igualmente detalhados quando tratarmos dos tipos de tabacos existentes.

Os tabacos claros não são propriamente fermentados, mas apenas "envelhecidos" pois do contrário perderiam sua cor amarelada; já os tabacos escuros e os tabacos para fabricação de charutos passam por um demorado processo de fermentação antes que as folhas atinjam as características desejadas.

Os tabacos claros (como os Virgínias), logo após a secagem em estufa são empacotados em fardos de mais ou menos 200 kg e levados para as fábricas de processamento onde são selecionados e classificados. Essa classificação, que leva em consideração todos os aspectos já mencionados de tamanho, integridade e localização das folhas, resulta em centenas de tipos que são devidamente rotulados para armazenamento. De acordo com as necessidades os fardos são desmanchados, tratados a vapor para deixar as folhas menos quebradiças, e então a nervura central (ou talo) da folha é retirada, interrompendo o ciclo vital da mesma. A partir daí ela não mais poderá fermentar, mas apenas envelhecer no estoque até ser utilizada, o que pode levar de dois a três anos.

Os tabacos destinados a produção de charutos são levados dos galpões de cura ao ar para outros armazéns, onde as folhas são selecionadas de acordo com o tamanho, textura e aparência. Nesses depósitos de fermentação as folhas são empilhadas cuidadosamente em grandes volumes (fardos) que podem atingir até dois metros de altura e cobertas com estopa ou folhas de palmeira. O processo de fermentação que tem início eleva a temperatura dos fardos a 45 – 60 °C no seu interior, acelerando os processos químicos de transformação do açúcar e eliminação do nitrato de amônio.

A temperatura final de cada fardo é determinada pela experiência do fabricante, de acordo com o tipo e finalidade das folhas de cada pilha. Neste ponto tem início o rodízio das folhas para uniformizar o processo: as folhas externas são empilhadas no interior de outro fardo e as folhas internas vão formar a parte externa de outro. Este processo pode ser repetido algumas vezes antes que seja considerado terminado após algumas semanas.

Por força do processo de fermentação as folhas são macias e maleáveis, o que facilita a extração da nervura central, após o que o tabaco é novamente selecionado, classificado e reembalado em fardos (protegidos por folhas de palmeira) ou em barris de cedro. Esta etapa, que pode durar até dois meses, causa mudanças muito sutis nas folhas que a partir daí estão prontas para serem transformadas em charutos.

Os tabacos escuros curados ao ar ou ao fogo e não destinados a produção de charutos são fermentados por processos diferentes e menos artesanais.

A fermentação em massa é feita pela distribuição das folhas em enormes caixas que comportam de algumas dezenas até uma centena de tonelada, onde as folhas se aquecem espontaneamente, chegando a 40 ou 50 °C ao longo de um mês, período em que o conteúdo da caixa é revolvido duas ou três vezes para uniformizar a fermentação.

Uma variante do método de fermentação em massa é o método de fermentação em caixotes, onde o volume das folhas armazenadas em caixotes é reduzido para algumas centenas de quilos e mantido por um período muito mais longo (de seis a oito meses) à temperatura ambiente e depois durante oito dias a uma temperatura de 55 °C. Nestes caixotes a temperatura se eleva menos que nas grandes caixas da fermentação em massa, mas por outro lado há uma maior degradação da nicotina, que pode atingir até 50% mais que em outros métodos.

Um método mais rápido de fermentação é utilizado para as folhas mais maduras, as quais são colocadas em caixotes, como no método anteriormente relatado, mas são mantidos por algumas semanas em uma câmara aquecida a mais ou menos 60 ºC e uma umidade relativa de 80%.

Todos os métodos de fermentação mencionados tendem a deixar o tabaco com uma cor mais escura, com menos nicotina e um sabor mais concentrado em virtude do fato de que o processo ocorre na presença do caldo de fermentação que é reabsorvido pelas folhas.

Tipos

Devemos ter bem claro que todos os tipos de tabaco mencionados pertencem única e tão somente às espécies do gênero Nicotiana: a Nicotiana tabacum e a Nicotiana rustica sendo as mais comuns. A Nicotiana pérsica também é usada, mas em muito menor escala, para tabacos especiais.

Todas as diferenças existentes entre os tipos de tabaco ficam por conta da região onde são plantados, do solo, do clima, da posição da folha no pé, da cura e fermentação e evidentemente da adição de produtos umectantes e aromatizantes. Por último, mas não menos importante, é que a mistura de dois ou mais tipos de tabacos, dá origem a uma infinidade de produtos com características próprias.

Os produtores de tabaco e o Departamento de Agricultura dos Estados Unidos usam uma classificação extremamente detalhada dos tipos e classes de tabaco, tomando como base o processo de cura, origem e finalidade de uso da folha.

Válida somente para tabacos produzidos nos Estado Unidos essa classificação consta de sete classes subdivididas em 23 tipos, e para se ter uma ideia do detalhamento da mesma, apenas os tabacos de secagem em estufa (Flue cured) são subdivididos em 140 graus diferente. A título de curiosidade, vale notar que o tabaco Perique é uma classe e um tipo único de tabaco na classificação.

Para facilidade de compreensão e por tratarmos também de tabacos de outras regiões, vamos usar a nomenclatura mais comercial baseada no tipo de tabaco e não na nomenclatura dos produtores.

Sob este aspecto os tipos usados para a produção de tabaco para cachimbo são:

- Virgínia
- Burley
- Maryland
- Latakia

- Orientais ou Turcos
- Perique
- Cavendish
- "Fumo de corda"
- Outros tipos de tabaco

Virginia

Falar dos tabacos Virgínia é recontar a trajetória comercial do tabaco desde os primórdios da colônia de Virginia nos Estados Unidos até os dias de hoje. Alguns autores afirmam que a colonização da América do Norte pelos ingleses teria fracassado, não fosse a importância do tabaco para a sobrevivência e consolidação da colônia da Virginia. Além do fato que anos mais tarde, foi o tabaco que os colonos deixaram de vender para a Inglaterra sob a forma de um quase confisco, que financiou a Guerra da Independência.

Por volta de 1612, o inglês John Rolfe percebeu a oportunidade comercial que havia para um tabaco mais adocicado e mais elaborado que o produto grosseiro e amargo que era produzido na colônia.

Casado com a princesa índia Pocahontas, filha do chefe da tribo que habitava a região, Rolfe começou a plantar sementes de melhor qualidade trazidas da ilha de Trinidad (ou do Brasil segundo alguns autores), a utilizar os cuidados com a planta, aprendidos com seus parentes índios e as técnicas de cultivo dos espanhóis, mais organizadas e sofisticadas que as dos índios.

Em 1613, John Rolfe fez uma primeira, embora pequena, remessa de tabaco para a Inglaterra, onde o novo produto chamou a atenção dos conhecedores e o mercado passou a exigir quantidades cada vez maiores do produto, a tal ponto que em 1618 foram exportadas cerca de 10 toneladas de tabaco e em 1622 foram 30 toneladas. Em 1627 a exportação atingiu a marca de 230 toneladas e a partir daí o cultivo começou a se espalhar por todo o território americano compreendido pela Carolina do Norte, Carolina do Sul, Geórgia e Flórida.

John Rolfe também foi o primeiro a criar uma marca de tabaco, ao criar uma identidade para o seu produto chamando-o de "Orenoco".

Como já mencionado esse tipo de tabaco é muito cultivado, principalmente no Brasil, Japão, Tanzânia, Malawi, Canadá, Rodésia, Filipinas, Índia e China, além dos Estados Unidos e sua produção anual atinge a casa das 2.300.000 toneladas.

O grande salto de qualidade do tabaco Virginia ocorreu por volta de 1870 quando foi descoberto (acidentalmente, como já mencionado) o processo de cura em estufa (Flue curing).

Além do alto teor de açucares que é característico do tabaco Virginia curado em estufa, o baixo teor de nicotina é outro fator que confere a esse tabaco a sua suavidade ao ser fumado.

A posição da folha no pé do tabaco também determina diferenças na qualidade além dos componentes mencionados, cujo conteúdo é determinado por análises químicas. As folhas obtidas da metade superior da planta são as que mais agradam aos fumantes de cachimbo. Essas folhas medem entre 30 e 75 cm de comprimento e são pouco espessas com nervuras finas pouco lenhosas.

As informações quanto ao teor de açúcar, nicotina e a localização da folha não chegam a afetar o fumante de cachimbo, pois o seu tabaco preferido é feito por uma mistura de diferentes tipos de folhas.

Embora haja uma enorme variedade de tabacos Virginia curados em estufa, o consumidor final dificilmente notará a diferença entre um tipo e outro, principalmente na mistura final comercializada.

Os tabacos Virginia podem ser chamados de diferentes maneiras, todas elas relacionadas com sua cor, sendo que a denominação mais comum é a de "bright tobacco" (tabaco claro), originada da sua cor mais comum de um amarelo claro, embora exista também um Virgínia escuro curado ao fogo usado na fabricação de rapé. Amarelo, dourado e vermelho são outras denominações do tabaco Virgínia em função de sua cor.

Uma característica do tabaco Virginia é que devido ao seu teor de açúcar, o mesmo não aceita aromatizantes tão facilmente quanto outros tabacos como por exemplo o Burley. Esta é uma das razões pela qual a imensa maioria das misturas aromatizadas é formulada com outros tabacos (o Burley principalmente). Outra razão para esta mistura é que o Virgínia puro ou usado em excesso tende a dar uma "fumada" quente, o que demanda muita técnica e calma para ser evitado; é mais fácil ajustar a mistura do que alterar a maneira de fumar de cada um.

Uma outra razão para esta mistura é que a combustão de um Virginia curado em estufa não é tão boa quanto a de outros tabacos. O teor de cinzas de um tabaco está relacionado com a sua combustibilidade: maior o teor de cinzas melhor ele queima. O teor de cinzas de um tabaco Virgínia é a metade do teor de cinzas de um Burley ou Maryland. A mistura melhora a combustibilidade do tabaco final.

Os tabacos Virgínia não são tabacos simples de sabor e aroma previsíveis e exigem uma certa experiência para serem fumados a fim de que possam ser devidamente apreciados. Se forem fumados descuidadamente podem se apresentar sem sabor e bastante quentes. Quando fumados adequadamente mostram todo o seu potencial adocicado, forte e frutado. Entre as misturas que tem tendência a "pegar" na língua, as que são ricas em tabacos Virgínia tem um lugar de destaque e por isso são apreciadas por fumantes com mais experiência que sabem como evitar ou reduzir esse inconveniente

Burley

Se existe um nome que possa ser associado a tabacos para cachimbo, para muitos fumantes esse nome é o Burley. Na sua variedade escura curada ao ar (Dark Air Cured), pode ser considerado o único tabaco nos dias de hoje que se parece com primeiros tabacos cultivados nas colônias de Virgínia e Maryland.

Conhecido antigamente como "White Burley" (Burley Branco), o produto de hoje foi desenvolvido, também acidentalmente, no estado americano de Ohio em 1864. Nessa época a variedade de tabaco que era cultivado na região de Ohio e Kentucky era conhecida como "Red Burley" (Burley Vermelho) e devido à falta de sementes desse tipo, um dos arrendatários de uma fazenda de cultivo chamado George Webb, conseguiu algumas sementes de uma fazenda no outro lado rio, no estado do Kentucky. O que ele não sabia é que essas sementes eram mutantes e o produto obtido após secagem ao ar tinha uma cor mais clara, bem diferente do esperado.

Neste ponto a história se divide, com alguns autores afirmando que esta primeira colheita foi destruída e outros afirmando que a mesma foi colocada no mercado com excelente aceitação.

O certo é que no ano seguinte, George Webb plantou cerca de um alqueire com as mesmas sementes, colhendo cerca de 10 tons de um produto muito superior ao "Red Burley". Esta nova espécie é o tabaco que passou a ser conhecido como "White Burley" e mais tarde apenas como Burley.

O novo Burley apresentava inúmeras vantagens sobre o antigo, além da melhor aparência. Era mais fácil de colher, pois não precisava ser colhido folha por folha, o que permitia que fosse comercializado muito mais cedo.

O processo de cura ao ar, que durava de 4 a 6 semanas, resultava em um produto praticamente sem açúcar devido à perda por oxidação. Esta ausência de açúcar faz com que o tabaco tenha uma excelente capacidade de absorção de produtos aromatizantes, o que o torna o parceiro ideal para os "não absorventes" e açucarados Virgínias. Outras duas características do Burley fazem com que seja amplamente utilizado em misturas: a primeira é a boa combustibilidade do mesmo evidenciada pelo alto teor de cinzas (quase o dobro dos Virgínias curados em estufa) e a outra característica é o sabor quase neutro, mas encorpado, que evita interferência com outros tabacos com os quais sejam misturados. Por outro lado, o seu teor de nicotina é muito maior que o dos tabacos Virgínia, Maryland ou Turcos, o que resultaria em um tabaco muito forte, não fosse pelas misturas.

O tabaco Burley é classificado em dois tipos no que se refere ao processo de cura ou secagem: Curado ao Ar e Curado ao Fogo (Air Cured e Fire Cured). O tipo Curado ao Ar por sua vez é caracterizado em 2 sub-tipos: "Light Air Cured (Claro Curado ao Ar) e "Dark Air Cured (Escuro Curado ao Ar).

O tipo Claro Curado ao Ar (White Burley ou simplesmente Burley) é o mais comum e de melhor qualidade, sendo o mais usado na produção de tabacos para cachimbos e cigarros de boa qualidade, sendo produzido com as folhas da parte intermediária da planta.

Os tabacos Escuros Curados ao Ar são usados principalmente na fabricação de tabacos para mascar, na fabricação de rapé e de tabacos baratos para cachimbo. É o tipo de tabaco que mais lembra os tipos de tabaco produzido nas colônias americanas e seu método de produção pouco mudou desde o início do século XIX, quando começou a ser produzido. São produtos que apresentam uma fumada muito forte por terem um alto teor de nicotina e praticamente nenhum açúcar para atenuar o sabor. Os tabacos Escuros Curados ao Ar são comumente chamados de "Kentucky Burley".

Os tabacos Escuros Curados ao Fogo representam uma mínima parte do tabaco produzido no mundo, a tal ponto que muitos autores questionam qual a finalidade de uso deste processo, já que este tipo de tabaco é usado nas mesmas aplicações do tipo Escuro Curado ao Ar, ou seja, tabaco para mascar, rapé e tabacos baratos para cachimbo.

Uma das razões que aparentemente ainda mantém este tabaco na preferência de alguns fumantes é que devido ao processo de produção, o mesmo apresenta um sabor e um aroma amadeirados. Como os tipos Escuros Curados ao Ar, estes também apresentam um alto teor de nicotina e baixíssimo teor de açúcar.

Não é raro encontrar misturas em que o Burley usado é composto por dois ou três dos tipos mencionados, com a finalidade de se conferir alguma característica especial à mistura.

Maryland

O tabaco Maryland de folha larga (Maryland Broadleaf) é plantado apenas no estado americano que lhe dá o nome e é considerado muito semelhante ao Burley por suas características químicas, por sua capacidade de absorção de aromatizantes, e também pelo seu processo de cura ao ar.

As folhas deste tipo de tabaco são muito finas e sua combustibilidade é muito boa, o que se percebe pelo seu teor de cinzas, apenas um pouco menor que o do Burley. Seu teor de nicotina é menor que o do Burley e até que do Virgínia, e seu teor de açúcar é praticamente nulo, da mesma maneira que o Burley.

O uso principal dos tabacos Maryland é na produção de cigarros, mas devido ao conjunto de suas características mencionadas acima além de aroma e sabor bastante neutros é também adequado como complemento de misturas de tabacos para cachimbo.

Embora seja uma exclusividade do estado de Maryland, pequenas quantidades são colhidas anualmente na Itália, África do Sul e na Ilha de Madagascar.

Latakia

O Latakia pode ser considerado o tabaco dos extremos: ou você gosta ou você não gosta; não há como ser indiferente ou fazer de conta que sua presença em uma mistura pode passar desapercebida. Dizem alguns que fumar Latakia é um gosto adquirido, pois não é possível gostar do mesmo sem ter aprendido.

O nome do tabaco vem da cidade Síria de Al-Ladhiqiyab, situada às margens do Mar Mediterrâneo em frente a parte nordeste da Ilha de Chipre, sendo um dos principais portos da região.

O Latakia tem origem na Nicotiana pérsica, a menor das plantas do gênero Nicotiana, mas deve ser deixado bem claro que nenhuma folha natural de tabaco pode ser chamada de Latakia; esse nome só é adquirido após um longo processo de cura e defumação, cuja origem se perde no tempo e por isso é sujeita a ser contada como lenda e ser personagem de muitas histórias.

O processo de defumação para a produção do Latakia parece ter sido descoberto por acaso, quando alguns produtores de tabaco penduraram as folhas excedentes de uma colheita no teto de suas casas, onde ficaram expostas ao calor e à fumaça das fogueiras usadas para aquecimento do ambiente. Dependendo das ervas usadas como combustível das fogueiras, o sabor peculiar do Latakia era obtido com mais ou menos intensidade. Exatamente como conta a lenda da descoberta da cura ao fogo pelos nativos norte-americanos.

A parte folclórica e gaiata dessa lenda conta que parte do combustível usado para alimentar as fogueiras era constituída de excremento seco dos camelos, e que o aroma obtido dependia das ervas ingeridas pelos animais.

A realidade nos dias de hoje é bem menos folclórica e mais prática, com um grande esforço para aumentar a disponibilidade desse tabaco cuja presença caracteriza de forma inequívoca as chamadas misturas inglesas.

O Latakia consumido hoje em dia é proveniente de dois locais mais ou menos distantes e que dão origem a tabacos razoavelmente distintos, mas ambos conhecidos como Latakia. Esses locais são a região de Latakia na Síria e a Ilha de Chipre, embora uma pequena proporção esteja sendo cultivada na Grécia. Devido à situação política da região nos últimos anos, a disponibilidade de Latakia sírio é quase nula, sendo substituída pelo produto de Chipre já faz alguns anos.

Latakia sírio

O produto sírio tem sua origem em uma folha de tabaco longa e estreita, conhecida como "shekk-el-bint" ou "shek-el-bent". Essas folhas medem de 25 a 30 cm, portanto bem menores que as folhas do tabaco Virgínia por exemplo.

Durante a colheita a planta é cortada e colocada para secar ao sol até que esteja completamente seca, o que leva de 4 a 6 semanas. Neste ponto as folhas e as flores que foram cortadas junto, são levadas para grandes armazéns hermeticamente fechados, onde são penduradas e submetidas a um processo de defumação, com a fumaça originada da queima de uma combinação de ervas e madeiras tais como o carvalho, pinho e cipreste. O processo que pode levar de 8 a 15 semanas, resulta em um produto escuro, de sabor intenso e picante com um aroma como incenso. Ao término do processo, já denominado Latakia, o tabaco de melhor qualidade recebe o grau de "abourhim" ou "abu-rhim" que significa "o rei do sabor", seguido pelo Latakia negro e depois o azul.

Seu sabor marcante serve de "condimento" para outros tabacos se usado na proporção adequada; se usado em demasia pode prevalecer sobre todos os outros tabacos da mistura.

Fumado puro o Latakia é um tabaco para não ser esquecido, com um aroma intenso, desprezado por muitos, mas relativamente suave ao fumar, sem gosto muito acentuado que permanece na língua ao final. Aos menos acostumados ou mais sensíveis à nicotina, pode mostrar o mundo de cabeça para baixo.

O uso do Latakia na Europa começou a se difundir em 1874 quando a Sobranie of London passou a produzir uma mistura condimentada com Latakia para os juízes do tribunal de Saint James, no que foi seguida pela Orlik. No início do século XX o Latakia era muito usado nos Estados Unidos por muitos fabricantes de cigarros, para "apimentar" as misturas de tabacos turcos muito em moda na época.

Latakia cipriota

O Latakia da ilha de Chipre vem de uma semente da variedade Esmirna ou Izmir que produz uma planta de folhas pequenas, ainda menores que as do Latakia sírio, alcançando de 15 a 18 cm, com uma cor que vai do amarelo ao marrom.

O tratamento das folhas colhidas é similar ao do produto sírio, originando um tabaco muito escuro, quase negro, com aroma mais profundo. As diferenças em aroma e sabor são, em parte, oriundas das diferenças em aroma e sabor das madeiras e ervas usadas na defumação, as quais, embora possam ser as mesmas, são influenciadas pelas diferenças de solo e clima entre a ilha e o continente.

Quando comparado com o produto sírio, o Latakia cipriota tem um sabor menos picante e seu paladar amadeirado não é tão definido e menos aguçado. Sendo, não obstante, um Latakia, o seu uso descuidado em misturas pode fazer desaparecerem tabacos mais delicados e propiciar aos fumantes a mesma experiência inesquecível, para o bem ou para o mal, de seu semelhante sírio.

O Latakia é um tabaco oriental no sentido mais estrito do termo, não sendo de maneira alguma um tabaco turco. Por sua importância, entretanto, não é agrupado junto com os tabacos orientais. Devido ao seu processo de produção, o Latakia é um tabaco naturalmente aromático sem adição de produtos químicos.

Possui excelentes qualidades de combustibilidade, e sendo um tabaco de "condimento", usado para realçar o sabor e o aroma de uma mistura, os dois tipos devem ser usados com cuidado, principalmente devido as diferenças existentes entre eles.

Em quantidades de até 5% na mistura, já é possível perceber e desfrutar da presença desses dois tabacos, ao passo que ao redor de 10% começam realmente a se fazer notar com mais força. O Latakia cipriota vai mostrando seu caráter forte até cerca de 45%, quando então começa a ser dominante, obscurecendo o sabor de qualquer outro tabaco presente. Algumas poucas misturas têm mais de 45% de Latakia cipriota, e são apreciadas por alguns fumantes mais pelo Latakia em si que pela delicadeza da mistura.

Da mesma maneira se comporta o Latakia sírio, com a diferença que por volta de 35% em uma mistura, já começa a ser o produto dominante. Acima dessa proporção deve-se tomar cuidado com os efeitos já mencionados sobre o fumante.

Orientais (ou Turcos)

A grande confusão reinante quando se fala dos tabacos orientais, é que, com exceção do Latakia, costuma-se chamá-los de tabacos turcos, não obstante a grande variedade de sua procedência. Pode-se afirmar que todo tabaco turco é oriental, mas nem todo tabaco oriental é turco. Fica fácil confirmar essa afirmativa quando se relaciona os possíveis locais de procedência dos tabacos orientais

- Turquia
- Grécia
- Bulgária
- Rússia
- Croácia, Sérvia, Montenegro (ex-Iugoslávia)

Pequenas quantidades de tabacos de variedades orientais já foram plantadas na Argentina, África do Sul, Rodésia e Paquistão, mas a maior parte da produção vem dos países mencionados anteriormente.

Os tabacos orientais contribuem com um aroma único e um sabor levemente adocicado às misturas nas quais são usados; são tabacos naturalmente aromáticos não recebendo nenhuma adição de produtos aromatizantes.

Estes tabacos realmente aromáticos diferem dos outros no tamanho das plantas, no tamanho das folhas (são muito menores), na textura das folhas, na combustibilidade, teor de açúcares (que só é menor que o do altamente adocicado Virginia) e no seu teor de nicotina que também é baixo, razão pela qual propiciam uma fumada mais suave apesar do seu sabor mais picante.

Os tabacos orientais possuem uma folha muito pequena, variando de 4 a 15 cm com uma textura delicada e uma cor que vai do amarelo dourado até o marrom, dependendo de onde é cultivado. A maneira mais fácil de se classificar os tabacos orientais é pela região onde são plantados, embora devido as migrações, países como a Grécia e a Turquia tenham regiões com o mesmo nome.

Turquia

Este país tem diversas regiões de produção de tabaco, das quais podemos citar:

Esmirna ou Izmir – ao sul, às margens do Mar Egeu

Anatólia – mais ao norte, próxima à fronteira da Grécia

Samsum-Baffra – no Mar Negro

Trabazon (ou Trebizonda ou ainda Trabzon) – mais a nordeste, na fronteira com a Geórgia, mas ainda nas costas do Mar Negro.

Cada uma destas regiões produz diversos graus do mesmo tabaco, o que aumenta a quantidade dos tipos disponíveis. O trabalho nessas regiões é intensamente manual, com as folhas sendo colhidas uma a uma, com o valor mais alto sendo atribuído às folhas mais altas da planta, que são as últimas a amadurecerem.

Esmirna

Situada no litoral do Mar Egeu, a região é responsável por mais de 60% de todo o tabaco produzido na Turquia. É um tabaco de folhas pequenas e talos ainda menores e um baixo teor de nicotina. Sua cor é variável, indo de um verde claro até um dourado pálido. É muito usado como "condimento" em misturas de tabaco para cachimbo, às quais empresta sua doçura e seu sabor levemente picante e delicadamente aromático. No início do século XX era o tabaco mais usado pelos fabricantes de cigarros nos Estado Unidos.

Anatólia

Região situada ao norte de Esmirna, produz um tabaco muito popular na Turquia, conhecido por nomes como Dusdje, Hendek e outros.

Samsum

Ao redor da cidade de Samsum no litoral do Mar Negro, estende-se a região que produz aquele que é considerado um dos melhores tabacos do mundo, usado em algumas das misturas mais apreciadas de tabaco para cachimbo.

Este é um dos tabacos cuja produção não pode ser conseguida em nenhuma outra parte do mundo, sendo que suas folhas pequenas, delicadas e de cor clara, além de seu sabor característico somente florescem nessa região.

Baffra

Situada na mesma região de Samsum, Baffra produz um tabaco com folhas mais avermelhadas e escuras e um aroma mais intenso. Também é um tabaco usado para dar mais aroma e sabor a misturas de tabacos para cachimbo, como as chamadas misturas inglesas.

Trabzon (ou Trebizonda)

Situada mais a leste região de Samsum e Baffra, já próxima à fronteira da República da Geórgia, a região produz um tabaco de folhas mais claras e avermelhadas com um sabor forte e muito aromático. Sua produção é mais voltada para o mercado interno.

Grécia

Como a Turquia, a Grécia possui três tipos de tabacos com quase uma dúzia de subtipos, com denominações regionais, em alguns casos idênticas ao produto turco.

Por incrível que pareça, alguns desses tipos bem distintos uns dos outros são cultivados em regiões situadas a menos de 100 km de distância uma da outra.

Os tabacos mais comercializados no exterior são os do tipo Basma, Katerini e Bashi Bagli.

Basma

Plantado quase que exclusivamente na Grécia, este tabaco é considerado um dos melhores tabacos aromáticos do mundo, respondendo por cerca de 35% da produção grega.

É um tabaco de folhas pequenas com uma cor que varia do amarelo dourado até o marrom. Seu sabor, que faz a delícia de todo fumante, é muito doce e refrescante. É usado em pequenas proporções em misturas inglesas para contrabalançar o sabor mais forte de outros tabacos e para melhorar as características de combustibilidade da mistura.

Xanthi

Plantado na região do mesmo nome, é bastante parecido como o Basma, do qual é considerado um subtipo. As excelentes qualidades de aroma do tipo Basma são também encontradas no tipo Xanthi.

Djebel

Originário da região montanhosa ao norte de Xanthi, o Djebel é bastante parecido com o mesmo, embora seja menos encorpado e de cor mais clara. É excelente para misturas, possuindo um delicioso sabor adocicado, mais fraco que o Xanthi, mas com melhores qualidades de combustibilidade, com folhas menores e mais finas.

Macedônios

Plantados nesta região da Grécia, estes tabacos são muito apreciados pelo seu sabor leve, suave e adocicado e pelo seu aroma agradável. Possuem excelentes qualidades de combustão e podem ser usados como base ou como agente de sabor.

Bashi Bagli

O tipo Bashi Bagli é cultivado na Grécia central, produzindo folhas largas com uma cor amarelada levemente avermelhada. Muito usado para dar volume às misturas, possui um sabor forte e adocicado, mas quase nenhum aroma. Seu uso deve ser muito bem dosado pois possui um teor de nicotina mais elevado que os outros tipos de tabacos cultivados na Grécia.

Katerini (Samsum)

Embora cultivado a centenas de quilômetros do distrito de Samsum na Turquia, este tabaco recebeu o mesmo nome do tabaco turco do Mar Egeu. Possui sabor agradável, um aroma delicado e excelentes características de combustão.

Outros tipos de tabaco cultivados na Grécia são o Dubec, Cavalla, Mahalla e Yeniji, todos eles subtipos do Basma.

Tabacos do tipo oriental também são cultivados nas repúblicas da ex-Iugoslávia (Bósnia, Sérvia, Croácia e outras), na Bulgária e nas republicas da ex-União Soviética ao redor do Mar Negro, como a Geórgia. Em todos esses países os tabacos cultivados são das variedades Basma e Samsum, sendo que a Bulgária produz na sua região da Macedônia ao norte da Grécia, tabacos do tipo Bashi Bagli.

Perique

O Perique (pronuncia-se Períque) é um dos tabacos mais exóticos, misteriosos e comentados entre todos os que são consumidos nos dias de hoje. Sua origem é uma mistura de fatos e lendas e sua produção cercada de folclore.

Uma das lendas conta que foi por volta de 1753 que um grupo de colonos de descendência francesa se estabeleceu na Louisiana numa região selvagem habitada pelos índios Choctaw e Chickasaw. Essa região que está situada nos arredores da cidade de New Orleans, é hoje conhecida como Saint James Parish.

Ainda segundo a lenda, havia entre os colonos um homem chamado Pierre Chenet que se interessou pela cultura do tabaco que era feita pelos índios. De maior interesse ainda era o processo de cura do tabaco colhido.

Chenet aperfeiçoou o processo, e o tabaco resultante foi chamado pelo seu apelido: Perique.

Outros autores dizem que o nome Perique dado ao tabaco era devido ao formato fálico dos "torquettes", que eram os maços de tabaco que eram postos à venda, sendo Perique a gíria cajun para designar o pênis (cajun era o nome dado a esses colonos da região, vindos da província de Acádia ou Nova Escócia, no norte dos Estados Unidos).

O processo consistia em secar a folhas de tabaco por alguns dias, enrolá-las depois de secas em maços chamados "torquettes" e encher com esses maços o oco de um tronco, aplicando pressão sobre as folhas por meio de uma alavanca. Essa pressão contínua liberava o suco das folhas e estas ficavam fermentando nesse caldo por algumas semanas. Decorrido esse tempo, a pressão era removida, o tabaco era retirado, revolvido e depois recolocado sob pressão para continuar a fermentação anaeróbica (sem presença de ar). Esta operação era repetida várias vezes até que se obtivesse a maturação e aromas desejados, o que levava quase um ano.

O Perique é também um tabaco de "tempero", sendo usado em mistura com tabacos Virginia, diminuindo a "pega" na língua e apimentando a mistura com um leve aroma de vinagre segundo alguns fumantes, mas para a maioria, entretanto, esse tabaco de cor escura e aspecto oleoso tem sabor de figo levemente apimentado, mas muito forte, o que limita a proporção em que pode ser usado nas misturas a pouco mais de 5%. Alguns fumantes mais audaciosos podem fumá-lo puro apreciando sua queima lenta, mas não é esta a finalidade com que é produzido.

A produção do Perique, que é muito limitada, ainda é feita na mesma região de Saint James Parish, onde o clima e o solo aluvial são responsáveis pelas características únicas do tabaco "Red Burley" usado na produção. Estima-se que em 2002 havia pouco mais de 5 toneladas do produto em estoque, o que levou alguns produtores a tentarem reproduzir este tabaco usando um outro tipo de tabaco chamado de "Kentucky Green River Burley" e o mesmo processo de cura. O produto resultante embora não seja exatamente o mesmo é bastante usado.

A não ser por alguns progressos na área de equipamentos o processo usado hoje em dia é o mesmo usado há quase 300 anos.

A semeadura tem início em dezembro e janeiro, em março as plantas são transplantadas para os campos, sendo colhidas em Julho.

As folhas são penduradas para secar por algumas semanas em armazéns bem ventilados até atingirem uma cor marrom dourado, quando têm seu talo retirado e são enroladas nos mesmo "torquettes" de outrora, cada um pesando cerca de 400 gramas. Em seguida são colocados em barris de carvalho reforçados e revestidos com quase 300 kg de capacidade e a pressão é aplicada por meio de uma prensa manual de parafuso.

Após cerca de um mês dessa fermentação anaeróbica em seu próprio suco, os pacotes são retirados, expostos ao ar, reembalados e a pressão reaplicada. Este processo pode ser repetido duas ou três vezes num período de 12 a 18 meses, após os quais o tabaco está pronto para ser comercializado, com uma cor que varia do marrom escuro ao preto.

Sendo um tabaco que foi seco ao ar, seu teor de açúcar deve ser muito baixo, embora não haja dados comprobatórios, ao passo que relatórios do Depto. de Agricultura dos Estados Unidos indicam um teor de nicotina de 3,5%, portanto bastante forte.

Seu uso é indispensável nas melhores misturas inglesas, às quais adiciona um sabor picante e um aroma característico, mas suas particularidades de produção o tornam muito vulnerável à volatilidade do mercado, mostrando um futuro sempre incerto para o Perique.

Cavendish

A palavra "Cavendish" é outra daquelas palavras no mundo do tabaco que levam a intermináveis discussões entre os apreciadores do cachimbo. Alguns vão dizer que "Cavendish" é um tipo de tabaco, outros dirão que é um produto originado de um processo de fabricação e outros dirão ainda que é qualquer dessas coisas, mas com um tipo de corte característico.

A única coisa bem definida é que não há tabaco plantado em qualquer parte do mundo que seja chamado de Cavendish antes de um elaborado processo de fabricação que não é um único processo, dependendo do país onde é produzido o tabaco.

A origem do nome "Cavendish" por si só já e bastante misteriosa, misturando fatos conhecidos com lendas e folclore.

O fato conhecido é que a pessoa de cujo nome se originou o termo, era um capitão corsário da marinha inglesa chamado Thomas Cavendish, tido como um dos primeiros a dar a volta ao mundo e que transportava tabaco entre a América do Norte e a Inglaterra. A partir daí tudo fica envolto em uma névoa de lendas e história. Para alguns autores o transporte era feito em tambores vazios de rum para burlar as autoridades, já que o comércio de tabaco era monopólio da coroa inglesa. Assim sendo o tabaco "escondido" em barris e prensado para dar o peso de um barril de rum, absorvia o sabor e o aroma do rum e fermentava durante a longa viagem. Outros afirmam que o tabaco levado para a Inglaterra era adicionado de licores que eram absorvidos pelo tabaco no longo período que durava a viagem, adição essa que era feita para dar um melhor aroma e sabor ao tabaco um tanto grosseiro fabricado na América.

Entre as façanhas de Sir Thomas Cavendish, além da "invenção" do tabaco que leva seu nome está o ataque e saque da Vila de Santos no Natal de 1590 ou1591 e da Vila de São Vicente alguns dias depois, ambas no litoral do Estado de São Paulo. Permaneceu na cidade por quase dois meses, rumando para o sul decorrido esse tempo. Após alguns meses desses ataques, Cavendish veio a falecer no litoral brasileiro devido a ferimentos recebidos numa nova tentativa de ataque à cidade de Santos que foi repelido pelos habitantes.

Hoje em dia o processo de fabricação do tabaco Cavendish varia conforme o país produtor, tendo em comum apenas os tipos de tabacos usados, que tanto podem ser Virgínias, Maryland, Burley ou qualquer binação dos mesmos. Os agentes aromatizantes podem ser rum, açúcar, ocolate, mel ou frutas.

Os países mais conhecidos como produtores de Cavendish são os stados Unidos, a Inglaterra, a Holanda e a Dinamarca.

Estados Unidos

O tabaco Cavendish fabricado nos Estados Unidos é altamente aromatizado. Os produtos aromatizantes são adicionados ao tabaco por meio de "spray" em uma esteira rolante, ou os tabacos são mergulhados nesses agentes.

Após esse processo de adição os tabacos são empilhados para "descansar" por algumas semanas a fim de permitir a completa absorção dos agentes aromatizantes. Alguns produtores ainda submetem o tabaco aromatizado a altas pressões para melhorar e adoçar o sabor.

O produto final tem uma cor variada dependendo do tipo de folhas usadas e do agente aromatizante. O tabaco terminado é cortado em máquinas, geralmente no formato de tiras longas e estreitas.

Inglaterra

Como na Inglaterra a adição de qualquer agente químico ao tabaco é extremamente restringida por lei, os produtores ingleses se valem de processos mais naturais. Para começar, usam apenas os tipos mais encorpados dos tabacos Virgínia curados em estufa, os quais são ricos em açúcar. O tabaco é colocado em formas e submetido a altas pressões por um período de três ou quatro dias.

Isto lembra o processo do Perique? Pois é, a pressão causa a liberação dos sucos naturais do tabaco, ricos em açúcar que dão ao Cavendish inglês o seu sabor adocicado característico.

Holanda e Dinamarca

Os Cavendish produzidos nestes dois países são bastante similares entre si e se destacam de seus homônimos anglo-saxões por serem ainda mais aromatizados e empregarem um processo mais demorado e mais manual.

Primeiramente o tabaco selecionado é submetido a um tratamento a vapor para abrir os poros das folhas facilitando o passo seguinte de adição dos agentes aromatizantes, após o que o tabaco é deixado descansar em armazéns por um longo período. Após esse período o tabaco é colocado em formas medindo mais ou menos 40 cm de lado por 2,5 cm de espessura e submetidos a uma pressão de cerca de 100 kg por centímetro quadrado por vários dias, formando um bloco que é cortado em barras que por sua vez serão cortadas de acordo com as especificações do fabricante da mistura final.

Alguns fabricantes abreviam o tempo de descanso e prensagem submetendo o tabaco a temperaturas de mais de 100 graus centígrados durante essas fases, acelerando o processo

Black Cavendish

Como já foi dito a cor final do Cavendish pode variar de um marrom escuro ao preto dependendo da folha usada e dos agentes aromatizantes. O processo de fabricação do Black Cavendish segue a receita do Cavendish normal até o ponto em que é colocado nas formas e submetido a pressão, quando então o tabaco é aquecido a temperaturas elevadas e condições controladas de umidade até que se torne bem escuro. Alguns fabricantes para acelerar o processo usam na fabricação do Black Cavendish tabacos escuros curados ao fogo ou tipos mais escuros de Virgínias curados em estufa.

Fumo de corda

Não seria possível terminar esta curta descrição dos tipos de tabaco sem mencionar um tipo que é a essência da alma brasileira e faz parte das nossas raízes históricas e culturais. Estamos falando do nosso velho conhecido, o fumo de corda ou fumo de rolo.

Chamado em outros países de "roll cake" ou "twist" esse produto, existente há mais de três séculos, é de extrema importância na cultura brasileira a tal ponto que em 1751 o Marquês de Pombal editou um decreto disciplinando o comércio de tabaco entre o Brasil colônia e a metrópole, estabelecendo penalidades para quem fraudasse a produção ou a venda do produto. No primeiro caso, a fraude consistia em usar folhas de qualidade inferior no miolo da corda e folhas de melhor qualidade na capa exterior e no segundo caso a fraude consistia em aumentar o diâmetro do pau onde era enrolada a corda, diminuindo assim a quantidade de tabaco entregue.

O fumo de corda é preparado a partir das folhas colhidas entre junho e agosto das plantas de tabaco, muito provavelmente do tipo Virgínia, cultivadas em pequenas propriedades por todo o território brasileiro. Falar de uma fórmula ou receita para a produção do fumo de corda, é impossível pois o número de receitas é igual ao número de produtores, por tratar-se de um empreendimento basicamente artesanal. Estima-se que perto de 80 mil famílias se dediquem a produção de fumo de corda no Brasil.

As folhas, colhidas quando começam a amarelar, são penduradas em galpões para secagem ao ar por um período de 2 a 3 semanas no máximo, após o que são destaladas e enroladas para formar a corda. A formação da corda tem início enrolando-se algumas folhas com um movimento de torção que exige o concurso de duas pessoas tão logo a corda atinja o comprimento de cerca de 50 cm. O número de folhas varia de acordo com a grossura da corda desejada, podendo a mesma ter até 3 cm de diâmetro. Assim que começa a ser formada a corda é enrolada em uma espécie de sarilho que é deixado ao sol para curar. A corda é torcida diariamente para exsudar a água e o "mel" do tabaco. Dependendo da região, e, portanto, da "receita", este mel pode ser retirado, deixado no fumo ou misturado com melado de cana de açúcar e pincelado na corda. O "mel" do tabaco é de cor escura e quando misturado ao melado dá à corda uma cor escura brilhante e um sabor adocicado.

O processo total desde o início da formação da corda dura de 60 a 90 dias, sendo 30 dias só para a exsudação do mel.

Usos do fumo de corda

Obviamente o fumo de corda é produzido para ser fumado, o que pode ocorrer em cigarros de palha ou em cachimbos, mas outros usos foram dados ao fumo de corda.

Tanto para ser fumado como cigarro ou em cachimbo, o fumo de corda é cortado bem fino e desfiado na palma da mão para ser enrolado em palha de milho (ou papel especial) ou para ser carregado em cachimbo. No uso em cachimbos, há ainda a possibilidade de se cortar a corda em rodelas bem finas e empacotá-las no fornilho do cachimbo como se fosse um tabaco "slice".

Outro uso muito antigo, que provavelmente se originou com nossos índios, e foi pela primeira vez mencionado pelos franceses que aqui estiveram com Villegaignon é o uso da corda para fabricação do "tabac rápee" ou o rapé. Este produto é fabricado ralando-se o fumo de corda até se obter um pó fino e escuro que é aspirado (uma narina de cada vez), obtendo-se o efeito tonitruante tão apreciado pelos seus admiradores. No início do século passado eram moda as caixinhas de rapé que continham um pedaço de fumo de corda e um pequeno ralador, pois diziam os apreciadores, que o melhor rapé era aquele produzido no momento de aspirar.

Além de ser usado para fumar e cheirar o fumo de corda é usado na fabricação de um inseticida bastante eficiente no combate a formigas e infestações de piolhos. O fumo de corda é fervido com água até formar um caldo grosso que é coado e aplicado sobre as superfícies que se quer proteger, muitas vezes adicionado de cal.

Alguns tipos de fumo de corda

Como já foi mencionado, o fumo de corda tem produção e denominações regionais, sendo sempre conhecido pelo nome da região onde foi produzido. Alguns dos tipos mais conhecidos são:

- Amarelinho de Sobradinho: produzido na região de Santa Cruz do Sul no Rio Grande do Sul
- Goianinho: produzido no estado de Goiás
- Arapiraca: produzido na localidade de mesmo nome no estado de Alagoas
- Tiete: produzido no interior do estado de São Paulo
- Sergipe: denominação que engloba uma grande variedade de tabacos produzidos no estado.

Todos eles têm um sabor que vai do suave ao forte, mas sempre característico dos fumos de corda e um aroma inconfundível.

Tanto quando fumado em cigarros de palha, como quando fumado em cachimbos, o fumo de corda é um tabaco que na maioria das vezes só pode ser bem apreciado por aqueles fumantes mais acostumados com "emoções" fortes e cuja tolerância à nicotina seja maior que a do fumante mais acostumado a tabacos menos encorpados. O aroma para os que estão ao redor é muitas vezes agressivo, o que recomenda cautela e espaços abertos para serem apreciados com tranquilidade.

Outros tipos de tabaco

O sub-título "Outros tipos de tabaco" é uma força de expressão que poderia ser melhor substituída por "Tabacos de outros locais" pois na realidade a única novidade é o local de onde provêm esses tabacos ainda pouco conhecidos.

Podemos citar entre outros o "Kentucky Green River Burley", um tabaco escuro curado ao ar, que como já foi mencionado é usado também para a produção de um Perique alternativo, embora alguns autores afirmem que esse tabaco não é um Burley.

Nas ilhas de Java e Sumatra na Indonésia encontramos os tabacos conhecidos mais comumente como Sumatra, muito empregados em folha de capas para charutos, mas ainda pouco usados para a fabricação de tabacos para cachimbo.

Da Argentina e região nordeste do Brasil começam a chegar tabacos da variedade oriental, ao passo que tabacos da variedade Burley são cultivados nas Filipinas, Paraguai e Alemanha.

De Cuba e da República Dominicana temos os tabacos originalmente destinados à produção de charutos e que agora começam a serem usados para dar corpo às misturas para cachimbo.

Fabricação

Antes de chegar ao fumante a folha de tabaco ainda tem um longo caminho a percorrer desde os armazéns dos produtores do tabaco em estado bruto até os fabricantes do produto final.

É neste estágio final que as folhas de tabaco curado são tratadas para melhorar ou apurar seu sabor, aprimorar seu aroma e, concomitantemente, alterar suas características de combustibilidade, tornando-as adequadas para consumo nos pequenos fornilhos dos cachimbos.

Como diz Carl Ehwa Jr. em seu livro "The book of Pipes and Tobacco": "*O processo de fabricação pode tornar a folha num maravilhoso produto para ser fumado ou reduzi-la a um produto intragável.*"

A maneira como a folha chega ao seu destino varia de país para país em função das práticas comerciais adotadas. Na maioria dos países os produtores de tabaco em estado bruto vendem suas produções (por si só ou em cooperativas) para empresas atacadistas que as processam e revendem aos fabricantes.

Nos Estados Unidos, desde a época da colonização, adota-se o sistema de leilões, onde cada produtor oferece seu tabaco em um grande mercado aberto, no qual, compradores especializados fazem seus lances.

Tanto lá como em outros países o comprador não adquiri um produto geral ou uma certa quantidade de uma variedade de tabaco, mas sim um "grau" de tabaco de uma determinada espécie, escolhido entre centenas de "graus" disponíveis de acordo com suas necessidades bem definidas. Esses graus para cada tipo de tabaco são determinados por muitos fatores, entre os quais podem ser citados: o local de origem, o processo de cura, a posição da folha no pé, sua cor e sua textura além é claro do tipo do tabaco. Levando em consideração esses fatores, o fabricante pode ter um razoável grau de certeza da constância do sabor, aroma e características de combustibilidade do seu produto.

Tentar descrever o processo de cada fabricante de tabaco é uma tarefa gigantesca e fora do propósito deste livro, razão pela qual descreveremos o processo geral sem nos atermos a particularidades e equipamentos específicos de um ou outro fabricante. Se considerarmos ainda que cada fabricante tem suas próprias especificações quanto ao tipo e grau de tabaco a ser usado, bem como os diferentes tipos de aromatizantes, fica claro a impossibilidade de se descrever os processos de fabricação em termos específicos. Também deve ser lembrado que os tabacos de "condimento" como o Latakia, o Perique e os orientais não são submetidos a todas as etapas que serão descritas a seguir.

Estima-se que os grandes produtores de tabaco como a Mac Baren e a Orlik na Dinamarca e a J.& A. C. Van Rossem na Holanda, processem cada uma, acima de cem graus diferentes de tabaco a cada ano no preparo de seus produtos.

As principais etapas da produção dos tabacos que são consumidos pelos fumantes de cachimbo do mundo todo são:

- **Preparação:** o tabaco curado e atado em maços é levado a uma seção de preparo, onde os talos das folhas são removidos, e depois é submetido a um aquecimento a vapor para a retiradas de toda a umidade remanescente nas folhas. Terminada esta secagem o tabaco é deixado esfriar e colocado em esteiras rolantes, onde parte da umidade é reposta de forma controlada para evitar que as folhas muito secas se pulverizem quando manuseadas;

- **Envelhecimento:** as folhas umedecidas são acondicionadas em caixas contendo de 200 a 350 kg e levadas a armazéns especiais para envelhecimento por um período de 2 a 4 anos. Durante esse tempo o tabaco sofre uma fermentação natural que reduz a nicotina, o açúcar e outras substâncias e dá ao tabaco um sabor mais suave e adocicado, além de escurecer as folhas.

- **Vaporização:** este termo não é muito adequado para o tratamento a vapor a que é submetido o tabaco removido das caixas, e que é realizado em câmaras especiais para abrir e "amolecer" as folhas e tornar mais fácil o manuseio.

- **Mistura:** os diferentes tipos de tabaco que formam a mistura "base" para a fabricação do produto final, devem ser cuidadosamente pesados e misturados, quer se destinem a fabricação de cigarros ou tabaco para cachimbos. As quantidades exatas desses componentes são alimentadas a grandes tambores rotativos que se encarregam da mistura íntima dos mesmos. Dependendo do produto a ser fabricado, neste equipamento são adicionados através de bicos injetores os produtos umectantes, destinados a manter a umidade do tabaco, e os aromatizantes.

- **Aromatização:** quando a aromatização não é feita nos cilindros de mistura, o tabaco pode ser borrifado com os aromatizantes ou mergulhado nos mesmos, após o que é deixado a escorrer antes de ir para a etapa de descanso.

- **Descanso:** depois que o tabaco está completamente misturado, é colocado em caixotes, recoberto com uma lona impermeável e deixado descansar por um período de 24 a 48 horas. A finalidade deste descanso é permitir que os tabacos da mistura se "casem", fazendo com que a mistura final tenha aroma, sabor e características de combustão uniformes.

- **Corte:** o passo seguinte é o corte do tabaco. O tipo de corte vai depender de especificações próprias do fabricante e do tipo de tabaco que está sendo fabricado. Via de regra, os tabacos são cortados em máquinas alimentadas por uma esteira rolante e prensados antes de serem cortados, normalmente por uma lâmina tipo guilhotina. O tabaco pode ser cortado mais de uma vez para se chegar à especificação final e normalmente este corte é transversal ao primeiro.

- **Embalagem:** depois de cortado o tabaco deverá ser embalado para distribuição. De um modo geral os tabacos para cachimbo podem ser encontrados para venda a granel e em pacotes ou latas de 50 ou 100 gramas. Os pacotes e as latas muitas vezes são embalados a vácuo para preservar o frescor da mistura, mas muitas vezes (principalmente em empresas menores) os pacotes são prensados e depois fechados, assegurando um mínimo de contato com o ar. Alguns fabricantes usam latas de fecho de anel como as latas de refrigerante sem vácuo, principalmente em produtos que podem se beneficiar de uma maior maturação.

Cortes

Parece haver mais nomes para descrever os cortes do tabaco para cachimbo do que tipos de cortes para serem descritos. Inicialmente o tipo de corte depende do produto que vai ser fabricado, ou seja, tabaco para cachimbo ou tabaco para cigarro. O corte para fabricação de cigarros é um corte fino e delicado, pois um corte mais grosso poderia rasgar o delicado papel dos cigarros, desenvolvido para uma queima suave e contínua. Nos países onde existe o hábito de se enrolar o próprio cigarro, como na Holanda e na Bélgica, esse corte é conhecido como "shag". Esse nome é pouco usado nos países de língua inglesa por ser um termo de gíria de baixo calão para o ato sexual.

O corte do tabaco é feito por meio de máquinas que podem cortar de algumas centenas de quilogramas por hora até várias toneladas. O tabaco é alimentado por meio de um funil a uma esteira rolante de velocidade variável que o leva até dois rolos entre os quais é prensado para adquirir a forma de uma torta para logo em seguida ser cortado por uma lâmina tipo guilhotina. A sincronização da velocidade da guilhotina com a velocidade dos rolos e da esteira regula a espessura do corte. Quando necessário o produto já cortado é realimentado e cortado novamente, desta vez perpendicularmente ao primeiro corte.

Mais recentemente máquinas de corte rotativo de alta produção foram introduzidas no mercado, sendo usadas para o processamento de enormes volumes de tabaco para cigarros e em alguns casos para cachimbo também.

Uma das características do tabaco afetada pelo corte, e que influi na percepção da qualidade do mesmo, é a velocidade de combustão. Quanto mais grosso for o corte, mais lenta será a queima do tabaco e mais serão percebidos pelo paladar do fumante os componentes de seu sabor. Quanto mais fino for o corte, mais rápida será a queima e mais nicotina será liberada. Com o uso de cortes diferentes em uma mistura, é possível obter-se nuances de sabor durante a queima.

A descrição mais simples e prática dos cortes de tabaco para cachimbo, divide-os em:

- fino: de 0,4 mm a 0,6 mm de espessura;
- normal: de 0,6 mm até 1,5 mm de espessura;
- grosso: de 1,5 mm até 2,5 mm de espessura

Cortes muito grossos, acima de 2,5mm de espessura são muito raros. Esta definição, entretanto, é muito simples e direta e não atende a todos os tipos de corte existentes no mercado, razão pela qual uma classificação mais descritiva dos cortes é a mais usada. Por ser descritiva, mesmo em português na maioria das vezes usa-se o nome original do corte em inglês. Segundo essa descrição, os cortes existentes no mercado são basicamente seis ou sete com algumas variações.

Com frequência encontra-se nomes diferentes para um mesmo corte, principalmente entre os Estados Unidos e a Inglaterra.

Os cortes mais frequentes são:

- **Granulado:** neste corte o tabaco destalado é transformado em pequenos pedaços de 2 a 4mm. Este corte propicia um bom enchimento do cachimbo, com uma queima lenta e constante devido à circulação de ar entre os pedaços.

86

- **Crimp cut:** versão mais fina do corte anterior, com pedaços de no máximo 2 mm de lado.

- **Rough cut:** para alguns esta é uma versão mais grossa do corte granulado, enquanto para outros é um corte similar a um corte em tiras, no qual as tiras se aglomeram formando fatias.

- **Square cut:** corte duplo resultando em flocos quadrados de 3 a 5 mm de lado. Neste corte o tabaco é cortado em uma tira mais larga e depois cortado novamente no sentido transversal.

- **Cube cut:** este corte, de formato básico, é um corte duplo executado em tabacos prensados, resultando em pequenos cubos com 3 mm de lado em média, com características de combustão semelhantes às do corte granulado.

- **Long cut:** corte básico que resulta em tiras de tabaco de 1,5 a 2, 5 mm de largura e de 15 a 25 mm de comprimento. Também chamado de "*shag*" em alguns países.

- **Fine cut:** versão mais fina do "*long cut*", variando de 1 mm em tabacos para cachimbo até menos de 0,5 mm em tabacos para cigarro.

- **Ribbon cut:** é um corte entre o "*long cut* e o "*fine cut*" que resulta em tiras de 1,5 a 2 mm de largura. É um corte muito usado nas misturas inglesas.

- **Cavendish:** é o corte típico dos tabacos Cavendish. É um corte longo com largura de 1 a 1,5 mm, ou seja, algo entre um "*ribbon cut* e um "*fine cut*".

- **Flake ou sliced plug:** chamado de "flake" pelos ingleses e de "sliced plug" pelos americanos, são blocos retangulares de tabacos fatiados como folhas de 1 a 1,5 mm de espessura e de 1 a 2 cm de largura. Devido a sua compactação tem uma queima bem lenta, pois muito pouco ar circula pelo tabaco. Requer muita técnica para ser carregado no cachimbo.

- **Spun cut:** também chamado de "roll cut", "twist' ou ainda de "curly cut", são fatias ou discos de 1,5 mm de espessura e de 1,5 a 2 cm de diâmetro, cortados de rolos ou cordas de tabacos torcidos.
- **Crushed plug:** este pode ser considerado como um corte granulado maior, podendo chegar a 5 mm de lado.
- **Ready rubbed:** este corte recebe o nome de "sliced cake" ou "cut cake" na Inglaterra e de "sliced broken plug" nos Estados Unidos. Todo tabaco cortado nas formas "flake", "plug" ou "spun cut" é quebrado ou desmanchado manualmente antes de ser carregado no cachimbo. Se este procedimento (mesmo automatizado) é adotado antes do tabaco ser embalado, o mesmo recebe este nome de "ready rubbed".
- **Loose leaf cut:** corte raro e difícil de ser encontrado, consiste de pedaços de folhas não cortadas simetricamente e nem prensadas.

Existe ainda um corte chamado de "Navy cut" muito semelhante ao "roll cut", que tem sua origem no fato dos marinheiros de antigamente, enrolarem as folhas secas de tabaco, envolvendo-as em um tecido impermeável para proteção durante a viagem. O tabaco assim embalado fermentava durante a viagem e adquiria um aspecto semelhante ao nosso fumo de corda. Quando necessário, desembrulhavam uma ponta do tabaco e cortavam um pequeno pedaço, suficiente para o uso diário, guardando o resto. Deste pequeno pedaço é que cortavam e desmanchavam nas mãos o tabaco para encher o cachimbo.

Uma mistura de tabaco pode conter vários cortes diferentes de vários tabacos, em quantidades bem determinadas pela fórmula de cada fabricante, que procura com isso controlar a taxa de combustão da mistura, que como já foi visto, altera a percepção do sabor da mistura.

Para os fumantes que gostam de desenvolver "aquela" mistura especial, deve ser lembrado que a mistura de diferentes tipos de corte deve ser feita com muito cuidado para evitar a separação dos tabacos. Assim sendo a mistura em partes iguais de um tabaco de corte "cavendish" com um tabaco de corte "square cut" tende a se separar, com o tabaco de corte menor indo para o fundo do recipiente. No entanto se a mistura contiver 10% de corte "cavendish" e o resto de corte "square cut" (ou ao contrário), essa separação não deve ocorrer.

Misturas

A arte das misturas

São poucos os tabacos existentes no mercado constituídos de apenas um tipo de tabaco, normalmente um Virginia ou um Burley. A imensa maioria é constituída de dois ou mais tipos de folhas num total de até quatorze ou quinze tipos diferentes em uma única mistura, acrescidos muitas vezes de tabaco de "condimento" como o Latakia e o Perique.

Esta possibilidade quase inesgotável de misturas é que torna o processo de formulação de tabacos uma arte fascinante e faz do "blender" ou formulador um ser especial. Além de um vasto conhecimento de cada tipo de tabaco disponível, ele deve saber como cada tabaco se comportará na mistura com outros tabacos e qual será o resultado da queima conjunta dos mesmos. Além de um olfato apurado, deverá ter uma sensibilidade gustativa capaz de perceber as nuances derivadas da queima de cada mistura. Se não bastasse isso, deve ser treinado para reconhecer o resultado da adição de agentes aromatizantes e agentes de sabor, como se fosse um perfumista de uma indústria de cosméticos ou o "maitre" das indústrias de alimentos, que fazem uso dos mesmos produtos.

Características dos tabacos

Cada tabaco pode ser descrito por um conjunto de características particulares que muitas vezes mais confundem que ajudam o fumante a escolher seu tabaco. A descrição dessas características é feita livremente pelo fabricante, que as usa para exaltar as qualidades de seu produto. Vamos tentar explicar os termos usados para definir as características dos tabacos usando tanto quanto possível o seu significado gramatical.

Aroma: Sem sombra de dúvida uma das características mais marcantes dos tabacos para cachimbo, tanto antes como durante a queima. O termo refere-se ao cheiro, a fragrância do tabaco. Alguns tabacos possuem um aroma muito mais acentuado que outros e quando misturados tendem a dominar o aroma da mistura final, dependendo da proporção em que são usados. Tal é o caso do tabaco Latakia que em pequenas proporções empresta seu aroma "enfumaçado" à mistura, mas que a partir de uma certa proporção (geralmente acima de 20%) começa a dominar, obscurecendo o aroma dos outros tabacos. O aroma da mistura antes de ser fumada pode ser ajustado pelo formulador baseado em suas próprias sensações olfativas, mas o aroma do tabaco queimado não pode ser adequadamente percebido por ele. Só as pessoas presentes podem lhe dar uma apreciação do mesmo. Isto se deve à chamada "maldição dos cachimbeiros" que os condena a não sentir o aroma da fumaça que exalam. Alguns termos usados para definir aromas de tabaco são: amadeirado, achocolatado, de baunilha, cítrico, de frutas secas, etc.

Sabor: Refere-se ao gosto do tabaco ao ser fumado. Ao contrário do aroma, ele é sentido ao fumar e o formulador pode saber se a mistura que fez tem o sabor que era esperado. A definição do sabor de um tabaco é algo mais complicada do que a definição do aroma, pois além da natureza do sabor como amadeirado ou frutado, o mesmo pode ser leve ou encorpado ou ainda fraco ou intenso. O sabor de um tabaco depende entre outras coisas do processo de cura, além é claro do tipo e qualidade da folha.

Combustibilidade: É outra característica que deve ser levada em conta pelo formulador. Uma mistura de queima muito rápida pode não mostrar todas as nuances de sabor que o tabaco possui. Uma combinação do tipo de tabaco com o corte do mesmo pode controlar a taxa de combustibilidade. Os tabacos do tipo Burley por exemplo tem a queima muito mais lenta que os Virgínias e um tabaco de corte "Cavendish" queima muito mais rápido que um "flake".

Todas estas características têm um julgamento subjetivo, e uma mistura de um fabricante pode desagradar a um fumante, enquanto uma outra mistura similar de outro fabricante pode ser de seu inteiro agrado.

Tipos de misturas

Não se sabe quando foi que os fumantes começaram a misturar tabacos diferentes para obter um produto com características de aroma e sabor que não conseguiam encontrar isoladamente em cada um dos componentes da mistura.

Com o passar do tempo, os países grandes produtores de tabaco para cachimbo foram desenvolvendo produtos com características próprias, de tal modo que durante muitos anos cada país produzia seus tabacos com essas características "exclusivas", ainda que sujeitas à subjetividade do gosto dos fumantes. Assim sendo as misturas de tabaco para cachimbo eram denominadas de acordo com a região geográfica de sua origem em: misturas americanas, inglesas, escocesas, irlandesas, holandesas, dinamarquesas e balcânicas segundo uns, ou americanas, inglesas, holandesas, dinamarquesas e balcânicas segundo outros. As misturas balcânicas são as únicas que tem o nome em função da origem geográfica de seus componentes e não dos países de sua produção. Aliás as melhores misturas balcânicas são produzidas na Inglaterra e Alemanha e mais recentemente na África do Sul.

Nos dias de hoje, entretanto, os países começaram a diversificar seus produtos em função de um mercado mais globalizado, de tal modo que as misturas produzidas em cada região perderam aquelas características exclusivas, mas ganharam uma maior amplitude, atendendo ao "gosto" de seus consumidores. Assim companhias americanas podem produzir tabacos com um "gosto" holandês ou inglês e companhias inglesas podem produzir misturas "americanas".

Misturas americanas

As misturas que hoje podem ser classificadas como de gosto americano, tiveram sua origem nos tabacos Virginia que as colônias do Novo Mundo exportavam para a Inglaterra e que começaram a ser processados localmente após a independência no século XVIII. As variedades de tabaco disponíveis eram reduzidas e sempre do tipo Virginia, até o advento da Guerra da Secessão na segunda metade do século XIX, quando os soldados tiveram acesso aos tabacos do tipo Burley de cultivo recente, conhecidos na época como "White Burley" (Burley Branco).

Durante muito tempo este tabaco, com diferentes cortes e com diferentes aromatizantes, foi o tabaco preferido pelos fumantes americanos que apreciavam entre outras coisas a sua baixa velocidade de queima, o que proporciona uma queima mais fria do que aquela que se consegue com um tabaco Virginia, por exemplo.

Apesar das diferentes aromatizações, o tabaco Burley, se não for bem processado tende a ter um sabor pouco pronunciado e muito encorpado. Na tentativa de tornar o tabaco menos previsível, os formuladores americanos começaram a misturá-lo com tabacos Virgínia curados em estufa.

Não tardou muito para que as misturas fossem "apimentadas" com outro tabaco tipicamente (eu diria exclusivamente) americano: o Perique. Também por volta de 1870, um outro tabaco de "condimento" passou a ser utilizado nas misturas americanas: o Latakia.

Assim sendo, as misturas chamadas americanas são constituídas por uma base de Burley e Virginia, acrescida de um toque de Latakia e Perique para apimentar a mistura, além de um pouco de Cavendish ou Black Cavendish. Apesar de não ser uma característica marcante dessas misturas, em muitas delas são usadas pequenas adições de tabacos orientais.

Não obstante o uso de todos esses tabacos, uma das características dessas misturas é o uso de altas doses de aromatizantes dos mais diversos sabores, o que é permitido pela legislação americana e facilitado pelo uso das altas proporções de Burley, que é conhecido por ser facilmente aromatizado.

Misturas inglesas

O grupo de tabacos que é conhecido como Misturas Inglesas é constituído por tabacos de um único tipo de folha até misturas com quase uma dezena de tabacos diferentes. Qualquer que seja a sua receita, entretanto, elas se destacam das outras misturas de qualquer parte do mundo por possuírem um mínimo de produtos químicos como umectantes, por exemplo, e nenhum aromatizante.

Os tabacos ingleses são tidos em alta conta pelos fumantes mais experientes que os consideram como um símbolo de bom gosto a que todo fumante de cachimbo almeja alcançar. No nosso entender, entretanto, são tabacos de altíssima qualidade, dos quais um fumante pode ou não gostar, independentemente do tempo que fuma ou do seu grau de conhecimento sobre tabacos.

É interessante notar que os Estados Unidos e a Inglaterra começaram processando o mesmo tipo de tabaco originário das colônias da Virginia e da Nova Inglaterra, mas que com o passar do tempo foram diversificando sua linha de produção, passando os ingleses a dar preferência ao Virginia claro curado em estufa, e os americanos a preferir o Burley, principalmente depois da Guerra da Secessão. Para os ingleses o Virginia era o suporte ideal para os tabacos orientais e condimentados que conheciam há anos, mas também se adaptava muito bem à produção de "flakes" e por seu sabor delicado e adocicado devido ao alto teor de açucares.

Os ingleses aperfeiçoaram o processamento do tabaco Virgínia, a ponto de conseguirem uma vasta gama de sabores e aromas, mesmo com o uso de folhas muito similares. Nos dias de hoje são comuns misturas inglesas compostas por 3 ou 4 tipos de Virgínias de alta qualidade que atingem o seu auge após um tempo extra de maturação.

Prensado, "cakes", "rolls", "twist" e "ready rubbed" são algumas das diferentes apresentações dos Virgínias claros e escuros produzidos na Inglaterra. Com muita frequência, os fabricantes ingleses de "rolls" (tabacos de rolos ou cordas) procuram dar mais aroma e sabor ao seu produto, enrolando um pouco de Perique junto com o Virgínia.

No entanto, é na produção da verdadeira mistura inglesa que os britânicos se superam. Utilizando a conhecida base de Virgínias claros, Burleys, Orientais e tabacos escuros de condimento como o Latakia e o Perique, os formuladores ingleses conseguem com muito trabalho e

94

conhecimento, produzir uma imensa variedade de aroma e sabores, sem o uso de aromatizantes. Com a escolha precisa dos tabacos orientais conseguem inúmeras nuances de sabor seja com o uso de um Smyrna, um Samsun, um Xanthi ou um Katerina.

O aroma e o sabor destas misturas têm uma diferença sutil e o seu aroma no ambiente pode ser muito agressivo para os circundantes mais sensíveis, bem diferente das misturas altamente aromatizadas.

Muito semelhante às misturas inglesas na sua composição de tabacos são as misturas produzidas na Escócia e, também, na Irlanda, sendo que estas são altamente aromatizadas.

Existem no mercado inglês mais de cem marcas de misturas comercializadas, sendo a marca Dunhill a mais famosa.

Em 1907 o proprietário da empresa, Sir Alfred Dunhill, colocou à disposição de seus clientes um espaço onde poderiam desenvolver e experimentar suas misturas, utilizando pouco mais de duas dezenas de diferentes tipos de tabaco. Essas misturas tanto poderiam ser formuladas pelos próprios clientes, como desenvolvidas pelos formuladores da loja, atendendo as indicações de cada cliente. A receitas das misturas eram registradas em ordem numérica em um livro que recebeu o nome de "My Mixture Book". A cada mês era escolhida a mistura do mês que era oferecida a outros clientes, sendo a mais famosa delas a "My Mixture # 965" comercializada mundialmente até os dias de hoje. Os nomes dos clientes registrados nesse livro são mantidos em segredo, mas sabe-se que entre eles figuram nomes como o do escritor Rudyard Kipling e do Rei George VII. Estima-se que o livro contenha nos dias de hoje mais de 38.000 registros. A W.O.Larsen em Copenhague possui um sistema semelhante.

Misturas holandesas

Desde o século XVI os holandeses tinham no comércio do tabaco uma das suas principais fontes de renda e de poder. Passar do comércio para o cultivo do tabaco nas ilhas de Java e Sumatra na sua colônia na Indonésia, foi um passo natural. Foram esses tabacos escuros que misturados aos tabacos Virginia e Maryland faziam o gosto dos fumantes holandeses. Eram tabacos fortes, não aromatizados. Com o passar do tempo esses tabacos foram dando lugar a misturas mais refinadas e altamente aromatizadas à base de Virgínias e Burley, que se tornaram um símbolo do tabaco holandês em marcas como Amphora, Clan e Troost entre outras.

Entretanto, foi na produção do tabaco Cavendish que os holandeses passaram a ser conhecidos no mundo todo. Produzido com uma mistura de Virginia e Burley altamente aromatizada, e submetida a altas pressões e temperaturas para maturação, o produto resultante é cortado em forma de "flakes" ou na forma de tiras finas e longas que é o chamado corte Cavendish.

Os tabacos holandeses são exportados para o mundo todo e fabricados sob licença em diversos países. No Brasil o Cavendish holandês foi fabricado durante algum tempo sob licença da Van Nelle, fabricante dos tabacos Amphora.

Misturas dinamarquesas

As chamadas misturas dinamarquesas são muito semelhantes às misturas holandesas com diferenças sutis nos tabacos de condimento e no tipo e corte. As misturas dinamarquesas são apresentadas em "flakes" com muita freqüência.

Misturas balcânicas

Enquanto todas as outras misturas têm o nome derivado do seu local de fabricação, as misturas balcânicas têm esse nome em função dos tipos de tabaco usados para sua produção: os tabacos do tipo oriental originados da região do Bálcãs, como os Smyrna, Bashi Bagli e Djebel.

Com já foi dito, essa divisão geográfica estrita perdeu o sentido no mundo globalizado de hoje, principalmente considerando-se a facilidade de suprimento dos diversos tipos de tabacos. Assim sendo tabacos brasileiros podem ser usados em misturas "holandesas" fabricadas nos Estados Unidos, por exemplo. Se não bastasse isso, há de se considerar casos específicos como os robustos tabacos escuros franceses, largamente consumidos em muitos países.

O mercado brasileiro é um grande consumidor de misturas do estilo holandês ou dinamarquês, a tal ponto que a indústria brasileira de tabacos para cachimbo produz quase que exclusivamente misturas aromatizadas dos mais diferentes sabores, mas sempre com uma base de Virginia e Burley. Mais recentemente foram lançados alguns tabacos Cavendish fabricados inicialmente sob licença da Van Nelle Tabac da Holanda.

Tabacos de condimento como o Latakia, Perique e Orientais são praticamente ignorados por todos os fabricantes de tabaco para cachimbo do país, embora se tenha notícia da tentativa de desenvolvimento de tabacos da variedade oriental em regiões do nordeste brasileiro. Parte desse desinteresse por tipos de tabacos especiais, pode ser atribuído às rígidas leis de importação de tabaco no Brasil que tornam inviável o seu suprimento para a indústria nacional devido ao alto custo resultante das diversas taxas existentes.

Misturas aromáticas e aromatizadas

Uma discussão que parece ter caráter mundial é a que se refere ao uso dos termos "aromático" e "aromatizado". No nosso ponto de vista, todo tabaco é aromático tendo o aroma de tabaco. Esse aroma pode ser mais pronunciado em alguns tipos que em outros, sendo o Latakia, o Perique e os Orientais os tabacos aromáticos por excelência, usados para realçar o aroma e sabor de qualquer mistura.

Tabacos aromatizados por sua vez, são aqueles aos quais são adicionados produtos químicos, naturais ou sintéticos, que conferem ao tabaco sabores e aromas "diferentes". A lista dos produtos que podem ser utilizados, dá aos tabacos aromas e sabores tão distintos quanto rum, chocolate, cereja, hortelã, conhaque e café, entre muitos outros. Os produtos aromatizantes mais usados na indústria de tabaco são em muitos casos os mesmos produtos usados na indústria alimentícia, para dar aroma e sabor a cremes, tortas e sorvetes, por exemplo.

Os agentes aromatizantes são adicionados ao tabaco juntamente com outros produtos como os umectantes, cuja função é controlar o teor de umidade do tabaco, evitando que se torne muito seco em lugares de clima seco ou que venham a absorver muita umidade em áreas mais úmidas. Os três agentes umectantes mais usados são o sorbitol, o propileno glicol e a glicerina. Desses três produtos, o sorbitol (usado em dietas como substituto do açúcar) confere à mistura um sabor adocicado.

Esse conjunto de agentes fixadores, umectantes e aromatizantes podem ser adicionado ao tabaco por imersão ou aspersão. Na aplicação por imersão (chamada pelos americanos de "casing"), o tabaco é levado a uma câmara de secagem após ficar algum tempo escorrendo, para atingir o nível de umidade correto. Na aplicação por aspersão (chamada pelos americanos de "top flavoring") a mistura de tabaco é espargida com esses agentes em um cilindro de mistura, após o que é deixada descansar por um ou dois dias para assegurar o "casamento" dos agentes aromatizantes com o tabaco.

Nas misturas cujo sabor deriva principalmente dos tabacos utilizados, alguns fabricantes costumam aspergir o mesmo com aromatizantes de base alcoólica que dará sabor e aroma adicionais ao tabaco. Essas misturas assim aromatizadas não podem ser expostas ao ar por um longo período devido à volatilização dos compostos alcoólicos e consequente perda de sabor e aroma.

Algumas misturas recebem a adição de aromatizantes vegetais especiais que lhes conferem um aroma especial muito particular. Os vegetais mais comuns são: "deer tongue" ou baunilha selvagem, cujas folhas são utilizadas depois de quase reduzidas a pó, a "tonka" ou fava-tonca ou fava de cheiro também utilizada moída e por último a mamica de cadela, cujos frutos secos tem um sabor adocicado.

Como já dissemos anteriormente, fumar cachimbo é uma coisa muito particular e pessoal. Assim sendo cada fumante tem suas preferências particulares tanto no tipo de cachimbo usado como na mistura a ser degustada e é muito comum encontrar-se fumantes que também gostam de experimentar suas próprias misturas, procurando encontrar aquela que seria "mistura ideal". Outros acham que isso é uma perda de tempo que pode ser mais bem aproveitado provando-se cada uma das milhares de misturas já existentes. Para aqueles que estão a procura dessa mistura dos sonhos, vale lembrar as palavras do milanês Eppe Ramazotti, blender, colecionador, autor de vários livros e autoridade sobre tabacos e cachimbos mundialmente reconhecida: "Faz 50 anos que misturo tabacos para encontrar a minha mistura ideal... e ainda não encontrei".

Entretanto, para aqueles que insistem em procurar essa mistura temos a dizer, parafraseando os autores do livro "La grande histoire de la pipe", que essa mistura é composta de 5% de imaginação, 15% de conhecimento e experiência, 30% de sorte e 50% de perseverança.

Conservação de tabacos

Todos os fabricantes de tabaco tentam pelos mais diversos meios disponíveis, fazer chegar ao consumidor um produto que mais se aproxime daquilo que ele considera o ideal para ser consumido. Para conseguir tal feito, lançam mão de diversos tipos de embalagem e processos de embalagem.

Para evitar mudanças que podem alterar as características do produto, a embalagem deve proteger o tabaco das quatro condições que mais contribuem para alterar a qualidade final de um tabaco: a umidade, a temperatura, a luminosidade e os odores externos.

Todos os tabacos saem de fábrica com a umidade que o fabricante julga a ideal para aquela mistura e se por ventura perderem ou ganharem umidade poderão ter a sua taxa de combustibilidade alterada, o que pode mudar a percepção da qualidade do tabaco pelo fumante. Do mesmo modo, temperaturas elevadas podem secar demasiadamente o tabaco e propiciar a formação de mofo. Embora não tão impactante quanto a umidade e a temperatura, a luminosidade da luz solar ou mesmo artificial pode descorar o tabaco em alguns casos e mesmo causar algumas reações fotoinduzidas como ocorre na reação de síntese da clorofila nos vegetais. Uma das características do tabaco é absorver odores, sejam adicionados ou aqueles existentes ao seu redor.

Os tabacos encontrados no mercado são oferecidos nos seguintes tipos de embalagem:

- a granel: o tabaco deve ser guardado em recipientes de vidro ou plástico, ao abrigo da luz e não exposto ao ar;
- pacotes plásticos: são bolsas de 50 gr de peso, geralmente feitas de folhas de alumínio plastificadas São embaladas a vácuo ou de tal modo que quase todo ar do produto seja excluído do seu interior. São seladas a quente ou por pressão. Raramente são coladas para evitar que o odor da cola contamine o tabaco;

- latas: de 50 ou 100 gr podem ser seladas a vácuo ou não, mas serão sempre hermeticamente fechadas. Para as que não são seladas a vácuo, muitos utilizam o fechamento por anel, como as latas de refrigerantes e cervejas,

Nessas embalagens e armazenados adequadamente, o tabaco pode durar muitos anos e chegar ao consumidor em ótimas condições.

Quando o tabaco chega ao consumidor o panorama se modifica, pois, cada fumante tem sua maneira de conservar os diferentes tabacos que possui.

Um fumante que consuma um fornilho de tabaco por dia levará no máximo 15 dias para terminar uma lata ou um pacote de 50 gr. Esta é a situação ideal: não ter abertas mais embalagens pequenas do que as que podem ser fumadas em no máximo 4 semanas, a menos que o conteúdo das mesmas seja mantido sob vácuo ou sem contato com o ar. Isto, entretanto, é uma situação quase impossível de ser encontrada, pois todo fumante de cachimbo, sem exceção, costuma abrir uma nova embalagem toda vez que descobre um tabaco novo para ser provado ou mesmo para fumar alternadamente sabores diferentes, às vezes tipos diferentes de tabaco, de acordo com o período do dia ou a estação do ano. Assim sendo, é comum encontrar-se fumantes com 10 ou 12 embalagens abertas ao mesmo tempo. Como manter estas embalagens bem conservadas e o tabaco em boas condições é um dos quebra-cabeças a ser resolvido pelos fumantes.

Nos idos do século XVIII ou XIX, quando fumar cachimbo já era um ato eminentemente social e nada religioso, os fumantes tinham a sua disposição para guardar tabaco verdadeiras obras de arte na forma de caixas ou potes de madeira finamente entalhados com madeiras exóticas ou com marfim e cravejados de pedras preciosas, ou potes de porcelana finamente decorados. Pelos padrões de hoje eram objetos de arte, mas dificilmente atendiam aos requisitos necessários para manter o tabaco na umidade correta, com o sabor e aromas originais.

Atualmente, potes de vidro ou plástico com tampa vedada com borracha ou silicone ou tampas lacradas com fechos metálicos, cumprem perfeitamente a missão de manter o tabaco úmido e sem contato com o ar exterior. O uso de um disco de espuma de poliuretano colocado sobre o tabaco, diminuindo drasticamente a quantidade de ar dentro do recipiente, ajuda ainda mais nessa tarefa.

Se for necessário, um pequeno pedaço de tecido ou esponja, preso sob a tampa e que possa ser molhado, ajudará ainda mais a manter a umidade ideal dentro do recipiente.

As latas seladas a vácuo ou as de topo recravado e com fecho de anel (como as latas de refrigerantes e cervejas), depois de abertas devem ser colocadas em sacos plásticos com fecho tipo Zip Lock e só abertos no momento de serem fumadas.

Umidificadores como os usados para a conservação de charutos também são uma alternativa viável para a conservação de tabacos para cachimbo.

Tabacos que são guardados nesses recipientes em quantidades maiores que 50 gr, devem ser transferidos para bolsas de couro ou tecido revestidas de látex ou borracha quando for necessário carregá-los para outro lugar. As quantidades transportadas não devem ser superiores ao necessário para um dia de consumo e qualquer sobra deve ser retornada à embalagem original ou irá secar irremediavelmente.

Deve ser enfatizado que uma mistura de tabacos, uma vez seca não pode ser levada de volta ao seu estado original, não importando o truque que for usado para reumidificá-la. O resultado da reumidificação pode até ser (e quase sempre será) aceitável para ser fumado, mas definitivamente não é igual ao produto original. É preferível que alguns tabacos, tipo VAs (maturados ou não), misturas inglesas, misturas balcânicas e alguns Cavendish ingleses, sejam fumados um pouco mais secos do que submetidos a umidificação.

No nosso entender só há três truques que podem ser usados para umidificar um tabaco que tenha secado em demasia:

1. espargir o tabaco com um pouco de água mineral ou filtrada por meio de um atomizador e depois misturar muito bem; usar a menor quantidade de água que for possível e repetir o processo se for necessário;

2. colocar o tabaco em um jarro vedado, com uma esponja ou tecido molhado preso sob a tampa ou colocar uma tampinha cheia de água sobre o tabaco; verificar o tabaco diariamente e retirar do recipiente quando estiver no ponto ideal de umidade;

3. colocar o tabaco em um umidificador de charutos até que volte ao normal e mantê-lo aí.

Mesmo assim é possível que você tenha uma fumada muito mais úmida que com o tabaco original em qualquer dos casos.

Para a conservação de tabaco vale o ditado de que é melhor prevenir do que remediar; é muito mais fácil evitar que o tabaco se estrague do que tentar restaurá-lo.

O que NÃO fazer para conservar o tabaco

Existem coisas que não devem ser feitas para ajudar na conservação do tabaco. Algumas delas, no entanto, fazem parte do folclore sobre cachimbos e tabacos, e são praticadas por muitos, mesmo os mais experientes. No nosso entender são coisas que, embora às vezes deem resultado, acabam por levar a "acidentes" que podem arruinar definitivamente o seu tabaco.

- NÃO compre tabaco cuja embalagem esteja aberta ou mal conservada; a possibilidade de você estar comprando um tabaco seco ou mofado é grande e você terá uma enorme dor de cabeça para trocá-lo.

- NÃO abra mais embalagens do que você pode fumar em três ou quatro semanas; com isso você terá a certeza de estar fumando sempre um tabaco que estará nas suas condições originais.

- NÃO deixe as embalagens abertas; mesmo para os tabacos de uso diário; deixar as embalagens completamente abertas leva os mesmos às secarem mais rapidamente, perdendo aroma e sabor.

- NÃO coloque tabacos na geladeira; se houver alimentos como peixe, cebola, brócolis ou repolho cozidos, o tabaco pode adquirir o aroma e sabor desses alimentos.
- NÃO coloque no tabaco pedaços de maçã, pêra, cenoura ou outro vegetal de alto teor de umidade; já sei, o vendedor da tabacaria disse que este é o melhor método para reidratar tabaco; pode até funcionar, mas você corre o risco do tabaco adquirir o sabor dos vegetais e os mesmos podem acelerar a criação de mofo.
- NÃO armazene seus tabacos perto de perfumes, loção de barba, fluido de isqueiro, etc.; os tabacos tendem a adquirir o aroma e sabor desses produtos.
- NÃO guarde no mesmo recipiente tabacos de aromas muito diferentes; colocar no mesmo recipiente uma mistura inglesa cheia de Latakia e uma mistura aromatizada com hortelã ou vinho do Porto é estragar os dois tabacos.
- NÃO guarde tabacos em bolsas feitas para transporte de tabacos e cachimbos; elas são feitas para conter apenas o tabaco suficiente para um dia, não tem vedação e ao fim do dia torne o que sobrou para a embalagem original para evitar que seque.

Para fins de conservação de tabacos, isto é, mantê-los nas condições originais, o uso de sistemas domésticos de embalagem a vácuo pode ser uma boa alternativa, pois com a ausência de ar o tabaco terá menor tendência ao envelhecimento (entenda-se fermentação) e levará muito mais tempo para secar, pois o material plástico usado nessas embalagens é mais permeável aos vapores d'água que ao oxigênio. Assim se o seu tabaco for guardado por muito tempo, o melhor é usar embalagens de plásticos mais impermeáveis (os chamados plásticos bi-orientados) e, por vias das dúvidas, guardar uma embalagem dentro da outra. Esta é a melhor maneira de se conservar misturas aromatizadas por longos espaços de tempo. Misturas inglesas, balcânicas e tabacos Virginia se dão melhor se forem guardadas em embalagens hermeticamente fechadas, sem troca com o exterior, mas em presença de ar.

Envelhecimento

Antes de tudo vale lembrar que envelhecimento e maturação são termos diferentes para um mesmo processo. Maturação é o termo mercadológico para envelhecimento.

Quando falamos de conservação de tabacos, estamos falando de técnicas e truques utilizados pelos fumantes de cachimbo para manter o seu tabaco nas condições originais de fabricação até o momento de ser consumido; quando falamos de envelhecimento estamos falando de técnicas e truques utilizados pelos fabricantes e fumantes de cachimbo para propiciar ao tabaco condições tais que permitam a ocorrência de alterações que tornem o mesmo mais homogêneo em aroma, sabor e umidade, mais saboroso, mais "macio" e com menor tendência a "pegar" na língua.

Envelhecimento é um termo geral que engloba várias coisas, a primeira das quais pode ser chamada de "fusão" ou "casamento". Este casamento é o que faz com que uma mistura heterogênea de diferentes tabacos (e aromatizantes se for ao caso), depois de um tempo adequado, pareça uma mistura homogênea com aroma e sabor quase únicos, embora a nuance de cada um dos componentes possa ser percebida. Este casamento entre os diferentes tabacos tem início tão logo a mistura é deixada descansar na fábrica antes de ser embalada, continuando a partir daí durante a estocagem ainda na fábrica, nos armazéns de distribuição, nas prateleiras das tabacarias e nos armários dos fumantes. Desde que a umidade do tabaco seja adequada, esse casamento ocorrerá praticamente sob quaisquer circunstâncias.

O envelhecimento propriamente dito depende de alterações bioquímicas espontâneas que ocorrem no seio da mistura, iniciando-se ao mesmo tempo em que o casamento referido acima, mas que prossegue por muitos anos após. É um processo extremamente lento, levado a cabo por bactérias aeróbicas (que vivem na presença de ar) e anaeróbicas (que vivem na ausência de ar). Este processo bioquímico é natural e não pode ou não deve ser apressado com o uso de catalisadores ou aquecimento.

O processo consiste na transformação do açúcar do tabaco e de outras reações químicas que propiciam a formação de ésteres que são substâncias que modificam o sabor e o aroma dos tabacos. Durante o processo, iniciado pelas bactérias aeróbicas, o teor de gás carbônico no ambiente vai aumentando até não haver mais oxigênio para sustentar a vida dessas bactérias, quando então passam a agir as bactérias anaeróbicas. Por esta razão o envelhecimento deve ser levado até o fim do prazo desejado sem que seja interrompido para avaliação do estado do tabaco.

Tendo em vista que uma das principais reações que ocorre é a digestão dos açucares, conclui-se que os melhores tabacos para serem envelhecidos são os Virgínias e os Orientais devido ao seu alto teor de açúcar. Misturas aromatizadas, embora possam ser ricas em Virgínias, não se prestam tão bem ao envelhecimento, pois os agentes aromatizantes têm prazo de validade muito menor que os tabacos e o resultado pode ser decepcionante quando não desastroso. Estas misturas, portanto, são mais indicadas para serem consumidas, tanto quanto possível, logo depois de adquiridas.

Se pudermos imaginar uma curva de transformação do tabaco em função do tempo de envelhecimento, diríamos que depois de pelo menos seis meses, as mudanças para melhor são enormes, aumentando rapidamente até o tabaco atingir cinco ou seis anos de envelhecimento, quando atinge o seu máximo. A partir daí as mudanças, embora aconteçam, não são tão evidentes. Isto significa que as alterações sofridas pelo tabaco nos dois anos que vão do segundo ao quarto ano de envelhecimento, são muito maiores que aquelas que ocorrem do sétimo ao nono ano, por exemplo. Algumas misturas, segundo alguns autores, continuam envelhecendo até os quinze ou vinte anos, o que deve causar uma enorme alteração se compararmos o aroma e sabor de um tabaco tão envelhecido, com o aroma e sabor do momento da compra.

A percepção das alterações acarretadas pelo envelhecimento dos tabacos é uma coisa muito particular de cada fumante e deve variar desde a constatação de uma mudança na cor do tabaco, uma alteração do sabor ou um aumento da delicadeza do mesmo, até o ponto de não se acreditar que este seja o tabaco que colocamos para envelhecer alguns anos passados.

Todas essas mudanças necessitam de condições ideais para que ocorram, e muitos fabricantes procuram ofertar seus produtos em condições que favoreçam o envelhecimento. Assim alguns fabricantes de tabacos Virginia embalam seus produtos em latas fechadas com anel, com uma generosa quantidade de ar no seu interior para que as bactérias tenham combustível suficiente para dar início ao seu trabalho.

Para aqueles fumantes mais dedicados a experiências em busca da suprema alegria de conseguir "o melhor tabaco do mundo", comentamos a seguir alguns métodos e materiais que podem ser usados para envelhecimento e conservação de tabacos.

Método "não faça nada"

Este é o método sugerido por muitos dos fabricantes de tabaco, e consiste em manter o tabaco em sua embalagem original pelo tempo que for necessário, guardando-as em um lugar fresco, seco e ao abrigo da luz.

Tanto as latas como os pacotes podem ser guardados em sacos plásticos, sendo que no caso das latas pode ser colocado junto com as mesmas um saquinho de dissecante (sílica gel) para evitar que a lata enferruje. O plástico deve ser do tipo usado na embalagem de macarrão ou bolachas, que são feitas de polipropileno bi- orientado, que é um tipo de plástico mais impermeável que outros, evitando a passagem de oxigênio, gás carbônico ou água. O ideal é guardar várias latas desta maneira e abri-las à medida que o tempo passa, permitindo assim ver as alterações do tabaco depois de 1, 3, 5 anos ou mais. Uma vez que uma dessas latas é aberta, o seu conteúdo deve ser consumido o mais rapidamente possível (mas sempre com "puxadas" lentas!!) ou então transferido para outra embalagem hermeticamente fechada, pois o equilíbrio do ecossistema dentro da lata foi rompido e o envelhecimento do tabaco não será mais o mesmo, não importa o que você faça, mas ainda assim o tabaco poderá ser conservado em ótimas condições e o envelhecimento continuará, embora alterado.

Embalagem a vácuo

Muitos consideram a embalagem a vácuo excelente para conservar vegetais, sucos, pó de café e até mesmo tabaco, mas completamente ineficaz para envelhecimento de tabacos.

Os tabacos necessitam do oxigênio do ar para dar início ao processo de envelhecimento e uma embalagem fechada sob vácuo não tem condições de fornecer o ambiente adequado. O tabaco armazenado nessas condições pode ser mantido como original por muito tempo, mas não terá condições para um bom envelhecimento, embora um mínimo de alterações possa ocorrer.

O equipamento de uso doméstico para produzir vácuo é perfeitamente adequado para uso com embalagens plásticas, mas um pouco mais difícil de ser usado com potes plásticos e de vidro ou com latas.

As embalagens de polipropileno bi-orientado são capazes de manter o tabaco em boas condições por alguns poucos anos, mas depois desse período o tabaco pode começar a apresentar alguns pontos secos a não ser que se use duas ou três embalagens, uma dentro da outra. Potes plásticos ou de vidro, providos de tampa com vedação de borracha ou silicone não permitirão que ocorra essa perda de umidade, mas permitirão menos ainda qualquer envelhecimento significativo. Vácuo total é ainda pior que um vácuo parcial, como o que se observa em latas fechadas por este processo.

Em resumo, embalar tabaco para envelhecimento sob vácuo não é recomendado. Devido à pouca (ou nenhuma) quantidade de ar, o envelhecimento é mínimo, embora a conservação por longos períodos possa ser boa.

Embalagens hermeticamente fechadas

Sem sombra de dúvida é o melhor método para envelhecimento, quer seja usando embalagens plásticas ou potes de plástico ou vidro com a tampa vedada por borracha ou silicone. O tabaco deve ser colocado na embalagem sem ser compactado, assegurando assim o contato de todo o tabaco com o oxigênio necessário para um ótimo envelhecimento. Uma vez estabelecido o equilíbrio entre o tabaco e o ar ambiente dentro da embalagem, a perda de umidade é mínima. Também neste caso, para evitar o rompimento desse equilíbrio, é recomendado envelhecer várias embalagens menores, que serão abertas a cada intervalo de tempo, do que tentar envelhecer uma grande quantidade de uma única vez.

Os recipientes nos quais o tabaco vai ser armazenado para envelhecimento devem estar limpos e higienizados para evitar o aparecimento de fungos durante os longos anos em que o tabaco ficará envelhecendo. Os recipientes devem ser lavados e muito bem secos antes de serem usados. Como uma precaução extra para evitar troca de gases com o ambiente externo, a tampa dos recipientes pode ser lacrada com fita adesiva.

Uma ideia muito comum entre os que se dedicam ao envelhecimento de tabacos é que se pode aquecer o tabaco dentro do recipiente, colocar a tampa com vedação e esperar que ao esfriar, pela redução do volume de ar no interior do jarro, a vedação seja melhor. É nosso entender que este processo é totalmente indesejado, pois o aquecimento pode mudar completamente o sabor do tabaco em uma direção que não sabemos qual é, além do que pode causar a morte das bactérias que serão responsáveis pelo envelhecimento. Outra dessas ideias é colocar o recipiente com o tabaco no micro-ondas por 15 ou 20 segundos. O resultado é o mesmo do aquecimento e, também, não recomendado.

No extremo oposto do aquecimento há os que acondicionam os tabacos em embalagens plásticas e as colocam no congelador a espera do envelhecimento. Além de interromper as reações químicas necessárias para as alterações do tabaco, o frio intenso pode causar a morte das bactérias e criar cristais de gelo no tabaco podendo causar a queima do mesmo como ocorre durante as geadas na época do plantio.

O envelhecimento do tabaco guarda uma certa relação com o envelhecimento dos vinhos. Enquanto alguns devem ser consumidos cedo para apreciar o "bouquet' e o sabor mais exuberante, outros vão se beneficiar do envelhecimento adquirindo um aroma mais complexo e um sabor com nuances que não podem ser percebidas nas misturas mais jovens.

Uma coisa deve ficar bem clara: o envelhecimento ou maturação não é um processo mágico que vai tornar maravilhoso um tabaco que não é bom quando foi produzido. Se você gostar de um tabaco quando é jovem, provavelmente vai gostar ainda mais depois do envelhecimento, a não ser que seja um aromatizado que pode não envelhecer tão bem quanto se esperava.

Citando o mestre norte-americano das misturas Gregory L. Pease: "Bons tabacos envelhecem para se tornar tabacos maravilhosos. Tabacos ruins envelhecem para se tornar velhos tabacos ruins".

Do outro lado da moeda existem aqueles que acreditam que os tabacos fortes e encorpados não vão se alterar tanto com o tempo e o que interessa é o fato de serem fortes e encorpados e, portanto, não precisam do envelhecimento. Já outros fabricantes conhecidos e famosos, como o norte-americano Charles Rattray não acreditam que um tabaco deva ser guardado por qualquer espaço de tempo. Eles acreditam que os tabacos devem ser fumados tão cedo quanto possível após serem comprados.

Selecionando um tabaco

Fumar cachimbo é uma arte individualista, introspectiva e, como muitas outras coisas, sujeita a idiossincrasias, maneirismos e gosto pessoal. A escolha pessoal vai desde o tipo e tamanho do cachimbo até ao modo de encher o cachimbo e o que usar para acender.

É muito comum um fumante novato pedir sugestões a um fumante mais experiente sobre que tabaco deve usar. Qualquer que seja a sugestão ela irá refletir a opinião pessoal de quem está sugerindo e pode ou não ser do agrado do iniciante. Por esta razão prefiro dar sugestões gerais que permitam ao novato experimentar diferentes tabacos, até chegar à conclusão de quais sãos de seu agrado. Eu digo quais porque não conheço um único fumante de cachimbo que goste de apenas um tabaco. Entre as sugestões de ordem geral posso mencionar:

- Escolha um cachimbo de fornilho pequeno ou médio; com isto evitará fumar muito de um tabaco que pode não ser de seu agrado ou que, sendo muito forte, possa fazê-lo sentir-se mal por ainda não estar acostumado.
- Escolha dois ou três tabacos aromatizados dos tipos mais fracos.
- Fume cada um deles pelo menos cinco vezes antes de decidir; é muito comum não gostar de um tabaco na primeira vez que o fumamos e passarmos a apreciá-lo cada vez mais nas vezes subsequentes.
- Experimente; depois que estiver acostumado passe a experimentar outros tipos, inclusive os mais fortes e não aromatizados como as misturas inglesas e balcânicas.

Com o passar do tempo o fumante de cachimbo acaba por eleger alguns tabacos que serão os mais consumidos habitualmente, mas sempre estará experimentando outros tabacos na esperança de encontrar o sonho de todo fumante de cachimbo: o seu tabaco ideal.

Marcas e Fabricantes

Escrever sobre todas as marcas e fabricantes de tabaco é realmente uma tarefa impossível devido ao enorme número existente e, também pelo fato que sempre aparecerá uma nova marca ou um novo fabricante, ainda não mencionados. Posto isso quero deixar claro que não pretendo relacionar aqui todas as marcas de tabacos possíveis, mas apenas algumas delas, principalmente as mais conhecidas e também as nem tão conhecidas, mas das quais já ouvi falar ou já experimentei. Portanto se você não encontrar aqui sua marca preferida, é apenas uma questão de escolha. Nem todas puderam ser relacionadas.

Para dar ao leitor uma ideia da enormidade que seria relacionar todos os tabacos existentes, basta dizer que a página da internet que se dedica a publicar detalhes dos tabacos já experimentados e a avaliação dos fumantes sobre os mesmos (www.tobaccoreviews.com), possuía listada em Agosto de 2016, a expressiva quantidade de 6.352 marcas de tabacos, e eu conheço pelo menos mais algumas dezenas que não estão lá.

Uma coisa interessante entre os fumantes de cachimbo é que eles, em sua maioria, conhecem os tabacos pela marca e raramente associam a marca com o nome do fabricante, a não ser que sejam os mesmos, é claro.

Alguns fabricantes de cigarro têm também marcas próprias de tabaco para cachimbo e entre essas companhias podemos citar a American Tobacco, Benson & Hedges, Ligget & Myers e R. J. Reynolds nos Estados Unidos e a Gauloises na França. Mas este não é o negócio principal dessas empresas.

No Brasil a Cia. de Cigarros Souza Cruz produziu durante muitos anos algumas das marcas de tabacos para cachimbos mais conhecidas do país, mas hoje apenas licencia essas marcas para outro fabricante misturar e distribuir.

Também alguns fabricantes de cachimbo lançaram suas marcas próprias e entre eles podemos citar a Brebbia, Caminetto, Castelo, Charatan,

Mastro de Paja, Savinelli, Stanwell e W.O. Larsen. Normalmente são tabacos de produção limitada e misturados por terceiros.

Vale lembrar que muitas das marcas mencionadas a seguir não são fabricadas ou misturadas pelo detentor dos direitos sobre a marca, mas por uma outra empresa, que não raro, é concorrente daquela. Isto não é incomum no mundo dos negócios e eu já havia encontrado esta situação no ramo de óleos lubrificantes, onde algumas vezes um fabricante mistura os óleos de outro fabricante, seu concorrente, para preencher o tempo ocioso de seu equipamento.

Também não se pode afirmar com certeza a composição de cada marca de tabaco, pois muitas vezes o fabricante deliberadamente omite esta informação ou exagera na mesma com fins de propaganda.

Outra coisa que deve ser levada em consideração é a integração e a globalização das companhias de tabaco. Com muita frequência a marca que aparece nas embalagens de um determinado tabaco não aparece no catálogo daquela companhia mas sim no catálogo da matriz ou da holding. As grandes companhias como a American Tobacco, a British Tobacco e a Imperial Tobacco estão no topo da cadeia produtiva da maioria das marcas comerciais, como Troost, Amphora, Dunhill, Sail, Clan, e muitas outras.

Os leitores vão perceber que muito raramente eu externo minha opinião sobre as características de aroma e sabor de um tabaco. Eu poderia explicar isso como uma atitude louvável para não querer impor minha opinião, etc, etc, mas na verdade eu não faço isso porque sou péssimo para essas avaliações. Não consigo encontrar um tabaco com sabor de "frutas vermelhas e um toque de baunilha e amêndoas" e por aí a fora. Sei que deve existir, mas se eu provar, não vou conseguir perceber; só vou saber se gosto ou não e se é igual ou diferente de outro tabaco que provei. Mas não passa disso.

Relação de tabacos e fabricantes

Altadis: multinacional formada em 1999 pela fusão do monopólio espanhol de tabacos (Tabacalera) e o monopólio francês (SEITA). Produz cigarros, charutos e tabacos para cachimbos, entre eles o Black Cordial, o Count Pulaski e o African Quenn. Curiosidade: a Tabacalera era uma das mais antigas empresas do mundo ocidental, tendo sido fundada em 1636.

Amphora: marca holandesa pertencente à Van Nelle Tabac. São tabacos de gosto holandês, bastante aromatizados, obtidos pela mistura de folhas de várias origens, inclusive do Brasil. Alguns tabacos: Original Blend, Extra Mild Cavendish, Cesare Borgia (com Latakia), Ultra Mild, Extra Light, Regular e o Golden. Durante algum tempo, alguns desses tipos foram fabricados no Brasil, sob licença, pela Tabacos Wilder Finamore.

Ashton: tabacaria norte-americana que em 1985 começou a fabricar charutos e alguns anos depois começou a desenvolver seus próprios tabacos para cachimbo. São pouco mais de meia dúzia de misturas entre aromatizadas, VAs e MIs.

Balkan Sobranie: mistura balcânica da Sobranie of London constituída de tabacos Virgínias, Orientais e Latakia e considerada por muitos fumantes uma das melhores já fabricadas. Deixou de ser produzida a alguns anos e embora copiada e imitada não se consegui ainda igualar o seu aroma e paladar segundo seus apreciadores.

Brigade Balkan Supreme : mistura balcânica da Wessex, composta de Virgínias, Burley e generosas doses de Orientais. Possui um sabor amadeirado e seco.

Black Cordial: mistura aromatizada produzida pela Altadis. É constituída de tabacos Virgínia, Cavendish e Black Cavendish.

Borkum Riff: marca sueca pertencente à Swedish Match. Possui quatro linhas de tabaco para cachimbo: uma de Virgínias na forma de flakes, uma chamada Gold constituída de tabacos aromatizados com cereja e baunilha e comercializada em latas de 50 gr, uma linha de tabacos Cavendish (normal e Black Cavendish) e outra linha de misturas aromatizadas em uma base de Virginias e Burley. Há diferenças de sabor e aroma entre os produtos comercializados na Suécia e os produtos exportados.

Bulldog: tradicional marca brasileira de tabaco produzida durante muitos anos pela Cia. de Cigarros Souza Cruz. Nos últimos anos vem sendo fabricada e distribuída sob licença pela Tabacos Wilder Finamore.

Cândido Giovanella: ou simplesmente Giovanella. Marca brasileira de tabacos fabricada em Curitiba pela Imigrantes Ind. e Com. de Fumos Ltda. A sua linha é constituída por misturas aromatizadas com base em tabacos Virgínias e Burley de produção nacional. Entre os sabores podem ser citados: café, hortelã, cereja, cappuccino, baunilha e outros.

Caporal: marca francesa muito tradicional cuja linha é composta por produtos formulados com tabacos escuros franceses e tabacos orientais. Fazem parte da linha o Caporal Export, o Caporal, o Scarfelati Superior, o Scarfelati Doux e o Bergerac.

Captain Black: marca de tabacos norte-americana fabricados pela Lane Limited e distribuídos pela Conwood Sales, ambas do grupo R. J. Reynolds. Consta de uma linha de tabacos aromatizados com base em tabacos Burley e Cavendish. Fazem parte do catálogo: o Captain Black Light e o Captain Black Gold, entre outros.

Cellini: marca de tabacos da Planta Tabak da Alemanha. São tabacos produzidos com folhas italianas da Toscana e da Úmbria e aromatizados com laranja (Cellini Clássico) e vinho Barolo (Cellini Forte).

Clan: marca de tabacos holandeses da Royal Theodorus Niemeyer, muito conhecidos pela cor de suas embalagens que imitam o padrão do tecido dos "kilts" escoceses. São tabacos aromatizados à base de Virgínias e Burley. Segundo o fabricante o Clan original seria uma mistura de 14 tabacos diferentes. Entre os tipos hoje produzidos encontram-se: o Clan Aromatic, o Light Aromatic e o Mild Cavendish.

Cornell & Diehl: empresa norte-americana originalmente fundada por volta de 1880 em Nova York. Depois de várias mudanças de proprietários, a empresa adquiriu a sua forma atual, com uma extensa linha de misturas dos mais diferentes gostos, desde misturas inglesas e outras carregadas de Latakia, até misturas altamente aromatizadas.

Count Pulaski: marca de tabaco fabricado pela Altadis, sendo uma mistura complexa de quatro sub-misturas (como o Germain's Celebration), formuladas com Burley em diferentes cortes, tabacos flake da Carolina do Norte, Virginia e Latakia. São aromatizados com rum e um pouco de aniz. Segundo alguns o nome é em homenagem ao conde polonês Casimir Pulaski que teria sido personagem importante da Guerra da Independência norte-americana.

Davidoff: marca e fabrica suíça pertencente a Imperial Tobacco Comp. e que também fabrica charutos na República Dominicana. A base de suas misturas é de Virginia e Burley com outros tabacos adicionados conforme a mistura. Assim temos: Scottish Mixture (com Kentucky, Orientais e um toque de Scotch Whiskey), Danish Misture (com Black Cavendish), Royalty (com Latakia), English Mixture (com Orientais, Latakia e Perique), Oriental Mixture (com Latakia) e entre as mais novas temos a Green Mixture (com Black Cavendsih), a Blue Mixture (com Burley "stoved" e Black Cavendish) e a Red Mixture (com VA maturado e Black Cavendish).

Dunhill: tradicional e prestigiada marca inglesa de tabacos e cachimbos. Conhecida por seu classicismo mostrado em mais de 45 modelos de cachimbos de altíssima qualidade em qualquer um dos cinco acabamentos disponíveis. O elegante ponto branco (White Dot) de sua logomarca é conhecido e desejado por todos os apreciadores de cachimbo. Seus tabacos são a essência do que é chamado de MIs. São vários tabacos com base em Virgínias, Burley, Orientais, Latakia e Perique. Entre estes podem ser citados os Early Morning Pipe, o Standard Mixture e o Night Cap. Virgínias e Virgínias com Perique são representados pelas marcas Royal Yatch (ou você gosta ou detesta) e pelo Elizabethan Mixture.

Flying Dutchman: marca de tabaco holandês da Royal Theodorus Niemeyer produzida a mais de 30 anos. É uma mistura de tabacos Virgínia e Burley com um corte bastante fino.

G. L. Pease: famoso mestre das misturas norte-americano. Sua empresa produz uma enorme gama de produtos desde os mais aromatizados até os mais evocativos das misturas inglesas.

Gawith, Hoggarth & Comp: fabricante de tabacos inglês cuja origem remonta a 1792, localizada na pequena cidade de Kendal no noroeste da Inglaterra. Fazia parte das empresas de Samuel Gawith e quando os irmãos, sócios da Samuel Gawith se separaram a nova empresa passou a chamar-se Gawith, Hoggarth & Comp. Produz rapé, fumos de corda, tabacos para enrolar cigarros e tabacos para cachimbos. Nesta linha conta com algumas marcas de Virgínias maturados e outros aromatizados.

Geross: marca brasileira de tabacos pertencente à empresa Baianinho Geross Ind. e Com. de Charutos, de Timbó SC. Consta de uma linha de misturas aromatizadas com base em Virgínias e Burley de produção nacional.

Germain's Celebration: marca de tabaco da J.F.Germain & Son, misturada e distribuída pela Planta Tabak da Alemanha. Consiste de uma mistura de quatro sub-misturas compostas de Virgínias maturados e Cavendish

Half & Half: marca de tabaco norte-americana fabricada pela Half & Half e comercializada desde os primeiros anos do século XX (antes de 1925). É uma típica mistura americana de Burley e Bright Virginia.

Indian Summer: marca de tabaco fabricado no Reino Unido por uma empresa do grupo British Tobacco e que tem como característica ser formulada com tabacos cultivados pela comunidade Amish do estado da Pennsylvania nos Estados Unidos, os quais, por motivos religiosos, não usam qualquer tipo de adubo ou pesticidas químicos em suas lavouras.

J. & A .C. van Rossem: empresa holandesa de tabacos dona de marcas como Troost e muitas outras.

J.F. Germain & Son: fábrica inglesa de tabacos para cachimbos localizada na Ilha de Jersey, no Canal da Mancha. Produz diversos tabacos na linha das misturas inglesas com Latakia, Perique e Orientais e com Virgínias maturados, bem como tabacos sem aromatizantes a base de Burley e Virgínias maturados, como o Royal Jersey, King Charles e o Royal Jersey Perique. Com sua marca, mas produzido pela Planta Tabak na Alemanha, o Germain's Celebration é o mais conhecido no Brasil.

Jacarandá: tabaco aromatizado fabricado pela Planta Tabak da Alemanha. É produzido com Virgínias claros e adocicados de corte largo e com Black Cavendish. Aromatizado com frutas tropicais (o que quer que isso seja).

Lane Limited: empresa norte-americana do grupo da R.J. Reynolds e dedicada à mistura de tabacos para cachimbos. Possui uma extensa linha de produtos, a maioria dos quais baseados em Burley e Virgínias tostados adoçados com Cavendish e Black Cavendish.

Mac Baren: empresa dinamarquesa fundada nos anos 50 e dona de uma linha de mais de 30 tipos de misturas de tabacos para cachimbo, variando desde aromatizados até misturas com Latakia e Orientais.

MacClelland: empresa norte-americana dedicada à produção de misturas de tabacos para cachimbos. Possui uma extensa linha de produtos com mais de 50 marcas desde Virgínias maturados até misturas orientais, passando por uma extensa gama de aromáticos naturais com Burley tostado e Cavendish, até aromatizados com maple, cereja e baunilha. Deixou de produzir em 2018.

Nat Sherman: empresa norte-americana fundada em 1930 em Nova York, dedicando-se ao comércio de cigarros e charutos, passando alguns anos depois à produção desses produtos. O passo seguinte foi a produção de tabacos para cachimbos dos quais possui uma extensa linha que inclui Mls e aromatizados. Esporadicamente se encontram algumas latas dessa marca nas tabacarias brasileiras.

Orlik Tobacco: companhia dinamarquesa de tabacos fundada em 1990, sendo hoje uma das maiores da Europa. Produz tabaco para cigarros e para cachimbos bem como papel para enrolar cigarros manualmente. Entre as marcas pertencentes à empresa temos: Danske Club, Stanwell, Orlik, Skandinavik e W.O.Larsen.

Pergamon: tabaco aromatizado fabricado pela Planta Tabak da Alemanha, e produzido com Virgínias claros e adocicados de corte largo e com Black Cavendish. Aromatizado com vinho tinto.

Peterson: companhia irlandesa fabricante de cachimbos e tabacos. University Flake, Irish Flake, Irish Oak e Connoisseurs´s Choice são alguns de seus mais conhecidos, sendo os dois primeiros flakes de VAs e os dois últimos aromatizados.

Pipeworks & Wilke: empresa norte-americana fundada em 1872 na cidade de Nova York dedicada ao comércio de tabacos e cigarros. Nos últimos anos passou a dedicar-se à mistura de tabacos para cachimbos, misturas essas feitas manualmente em pequenos lotes. Possui uma extensa e variada linha de produtos misturados contra pedido.

Planta Tabak: fábrica alemã de tabacos para cachimbo localizada em Berlim e que produz entre outros tabacos o Jacaranda, o Pergamon, o Sans Souci e o Germain's Celebration. Além desses possui um tabaco com o sugestivo nome de Batida de coco (sem comentários).

Royal Theodorus Niemeyer: empresa holandesa pertencente à British Tobacco Company, fabricante dos tabacos Flying Dutchman, Clan, Sail e Holland House entre outros.

Sail: marca de tabacos holandeses da Royal Theodorus Niemeyer. São tabacos aromatizados de gosto holandês com os mais diversos sabores como cereja e baunilha e outros adocicados como o Black Cavendish.

Samuel Gawith (ver Gawith, Hoggarth and Co.): fabricante inglês de tabacos cuja origem remonta a 1792, localizada na pequena cidade de Kendal no noroeste da Inglaterra. Em 1840 passou a chamar-se Samuel Gawith. Produz rapé, fumos de corda e tabacos para cachimbos. Nesta linha conta com algumas marcas de Virgínias maturados, Cavendish e outros aromatizados quer sob a forma de flakes, plugs ou "rubbed".

Sans Souci: marca alemã de tabaco aromatizado fabricado pela Planta Tabak de Berlim. Segue a mesma base de Virgínias e Burley das marcas Pergamon e Jacaranda do mesmo fabricante, mas segundo este o Sans Souci é aromatizado com vinhos gregos.

Sir Walter Raleigh: marca de tabaco norte-americana da Brown & Willianson e distribuída pela Comwood Sales. É uma mistura de Burley, Cavendish e Black Cavendish. O Sir Walter Raleigh Aromatic é umedecido com licores franceses e holandeses.

Tilburi: antiga e tradicional marca brasileira de tabacos fabricada pela Souza Cruz.

Tinder Box: grande rede de tabacarias norte-americana que comercializa algumas marcas próprias, misturadas pela Lane Limited e pela Altadis.

Tobbac: marca brasileira de tabacos do Grupo Conesul Comercial Ltda. de Tijucas em Santa Catarina. Consta de uma extensa linha de tabacos aromatizados produzidos com uma base de Virgínia e Burley de produção nacional.

Troost: marca holandesa de tabacos aromatizados do tipo Cavendish e pertencente a J. & A. C. Van Rossem. São comercializados o Troost Aromatic Cavendish, o Troost Special Cavendish e o Troost Black Cavendish.

Van Nelle Tabac: empresa holandesa de tabacos dona da marca Amphora entre outras. Originalmente pertencia a Douwe Egberts, também da Holanda, mas foi comprada pela Imperial Tobacco em 1998

121

Wessex: marca de tabacos alemã, pertencente à Kohlasse, Kopp und Co. KG. Consta de uma extensa linha de produtos incluindo algumas misturas balcânicas como a Brigade Balkan Supreme.

Wilder Finamore: tradicional fabricante brasileiro de tabacos e de cachimbos, estabelecido em Juiz de Fora, Minas Gerais. Possui uma extensa linha de tabacos aromatizados e Cavendish. Algumas das marcas mais antigas do mercado brasileiro são da Tabacos Wilder Finamore, tais como a Spalla, Irlandez e o Bulldog que fabrica sob licença do Cia. de Cigarros Souza Cruz.

O cachimbo

Cachimbos

Introdução

Já comentamos que a grande questão ainda não respondida é quando e como o ser humano começou a fumar tabaco. Quando e como começou a utilizar o cachimbo parece ser ainda mais difícil, porque é lógico acreditar que o cachimbo tenha sido inventado (aperfeiçoado seria mais correto) como um instrumento para um determinado fim e não um instrumento para o qual foi encontrada uma finalidade. Não podemos crer que o homem tenha inventado o cachimbo e depois tenha ficado admirando sua invenção procurando um uso para a mesma.

O hábito de inalar fumaça, seja em rituais religiosos, terapêuticos ou por satisfação pessoal vem desde tempos imemoriais, com testemunhos que remontam a séculos antes de Cristo. Gregos, egípcios, citas, assírios e romanos usavam a fumaça de diversas plantas em inúmeras ocasiões.

Na mitologia grega é narrada a odisseia de Epimeteu que por meio de uma palha queimando, procurou aspirar um pouco da fumaça de odor inebriante que exalava do fogo que seu irmão Prometeu havia roubado dos deuses do Olimpo. Por esse ato, os dois e toda a humanidade foram punidos. Heródoto, historiador grego e Hipócrates, primeiro mestre da medicina científica, descreviam fumigações destinadas aos mais diversos fins, no século V A.C. Os romanos por sua vez inalavam os fumos de muitas plantas, como a menta p.ex. Segundo Heródoto os citas também cultivavam esse mesmo hábito.

Para aumentar a eficiência dessa aspiração, usavam-se as mais diversas técnicas e instrumentos, como por exemplo colocar o rosto sobre o recipiente que exalava a fumaça e cobrir a cabeça com um tecido qualquer, diminuindo a dispersão e concentrando os efeitos. O uso de um simples canudo para aspirar a fumaça diretamente para a boca e o nariz também era prática comum, segundo Plínio, historiador romano.

Os primeiros europeus que visitaram as Américas, encontraram indígenas que carregavam consigo um pequeno rolo de folhas de tabaco que acendiam com uma brasa colocada numa das extremidades, aspirando a fumaça pela outra. Frei Bartolomeu de Las Casas e Gonzalo Fernando de Oviedo descrevem habitantes do Novo Mundo usando um instrumento em forma de Y para inalar fumaça, colocando a ponta dupla nas narinas e na outra queimando uma erva a que davam grande importância.

Em 1573 foi publicada na Inglaterra a descrição do hábito dos indígenas da região da colônia da Virginia nos Estados Unidos de "tomar" uma fumaça originada da queima de uma erva chamada tabaco, com o uso de um instrumento com o formato de uma pequena concha.

O testemunho mais eloquente, entretanto, vem de esculturas encontradas nas ruínas Maias do Templo da Cruz, em Palenque no sul do México, datadas do ano 100 D.C. e que mostram sacerdotes fumando o que parece ser um cachimbo tubular, um costume que provavelmente havia se originado alguns séculos antes da construção do templo.

Como já comentamos também, o navegador francês Jacques Cartier, encontrou índios Iroqueses na América do Norte fumando uma espécie de cachimbo com o fornilho feito de pedra e uma longa piteira enfeitada com penas e tranças coloridas.

O uso do cachimbo não segue uma ordem cronológica e parece ter estado em diferentes estágios de evolução em diferentes partes do mundo ao mesmo tempo, sendo fato inconteste, entretanto, que o cachimbo como o conhecemos hoje, só chegou ao continente europeu após a descoberta da América em 1492.

Prova irrefutável do uso do cachimbo pelos indígenas brasileiros é a coleção de cachimbos pré-históricos do Museu Goeldi em Belém do Pará. Recolhidos nos sambaquis da região norte, esses artefatos foram datados como tendo sido fabricados entre 350 e 950 A.C. ou seja, mais de 1800 anos antes de Pedro Alvarez Cabral tomar posse da Terra de Santa Cruz.

História

Falar da "história' do cachimbo é uma tarefa quase impossível, haja visto que não há um momento no tempo ao qual se possa atribuir como o momento da "descoberta" do cachimbo e nem sequer um espaço de tempo dentro do qual se possa inserir a evolução do cachimbo. Como já mencionamos, essa evolução parece ter ocorrido em vários lugares diferentes em épocas não muito distantes uma das outras. O certo é que somente após a descoberta da América é que o cachimbo passou a ter um registro cronológico que nos permite visualizar a sua difusão pelo mundo e as mudanças que o mesmo trouxe aos hábitos das populações que tiveram acesso ao mesmo.

Os artefatos mais antigos que parecem ter sido usados para fumar algum tipo de erva são uns poucos tubos de pedra encontrados numa escavação arqueológica na ilha de Creta. Muito semelhantes aos cachimbos tubulares de pedra dos índios americanos, esses "cachimbos" foram datados de uma época por volta de 3000 A.C. quando a civilização da ilha estava no seu auge. Tendo em vista que o tabaco era desconhecido pelos habitantes da ilha, só se pode especular sobre o tipo de erva que era usado nesses cachimbos.

Mais ou menos da mesma época são alguns cachimbos recuperados de sítios arqueológicos no norte dos Estados Unidos e provavelmente utilizados pelas tribos dos Iroqueses.

Ao mesmo tempo em que fumavam folhas secas e enroladas, os primeiros fumantes começaram a aperfeiçoar o hábito, desenvolvendo técnicas que o tornassem mais fácil. Colocar e acender as folhas secas na ponta de um tubo foi provavelmente uma das primeiras maneiras de tornar o hábito "portátil", já que o cachimbo podia ser levado de um lado para outro e utilizado diversas vezes, se não queimasse na primeira vez em que era aceso. Esses cachimbos tubulares foram aperfeiçoados com a inclinação da extremidade que continha as folhas, evitando que as mesmas caíssem. Uma alternativa era fumar esses

126

cachimbos deitados de costas, como mostram figuras de esculturas astecas e maias.

A quantidade de materiais usados nesses modelos pré-históricos de cachimbos era imensa e mudava conforme o povo que os utilizava e a região em que viviam. Ao ter que usar materiais disponíveis em seu habitat, produziam simulacros de cachimbos que chegaram até os nossos dias e foram encontrados através da pesquisa arqueológica, embora na maioria das vezes sem uma alocação precisa da data em que foram feitos.

Um dos modelos mais antigos de cachimbo, que na verdade não era um cachimbo, mas uma maneira de fumar, são os chamados "cachimbos de terra", que consistiam em se fazer um pequeno buraco no chão e um pequeno "túnel" da superfície até o fundo do buraco. A erva a ser fumada era colocada no buraco e acesa e para aspirar a fumaça, o fumante deveria ser deitar de bruços e puxar a fumaça pelo "túnel" que servia de piteira. Esse tipo de "cachimbo" era usado em diferentes partes do mundo, tão distante entre si quanto os desertos do sul da África e o norte da Índia.

Uma variante desta maneira de fumar, era fazer o buraco num talude de terra e colocar um canudo qualquer (bambu, p.ex.) pelo lado até atingir o fundo buraco. Construído num nível condizente com a estatura do fumante, este tipo era mais cômodo e causou assombro entre os soldados franceses na I Guerra Mundial, quando soldados da Índia se utilizavam desse método secular nas trincheiras na Bélgica.

Indiferentes à escassez de materiais adequados, mesmo os esquimós produziam seus cachimbos com o que estivesse disponível. Um pequeno ramo de salgueiro, cortado longitudinalmente, escavado nas duas metades, unidas em seguida com couro de foca e com um fornilho adaptado numa das extremidades, é o testemunho da engenhosidade humana na busca da satisfação pessoal. Dentes de leões marinhos furados no sentido do comprimento eram também usados como cachimbos. Em todos os lugares onde o bambu era encontrado, com certeza era usado como um cachimbo improvisado. Escolhia-se entre os pedaços que apresentassem o maior nó na junção entre dois segmentos, estes eram cortados, furados longitudinalmente e o nó era escavado para fazer as vezes de fornilho. Os chineses conseguiram fazer peças originais e artísticas de bambu adornado e com fornilhos adaptados para seu uso. Com muita frequência são encontrados modelos com fornilhos diminutos para os padrões atuais, provavelmente destinados ao consumo de ópio.

Entre os povos nômades, dedicados ao pastoreio de animais é comum encontrar-se imitações de cachimbos feitas do osso das pernas de animais como a ovelha, dos quais foi extraído o tutano e a cabeça do osso perfurada para servir de fornilho.

Sem dúvida alguma o tipo de cachimbo mais comum encontrado entre os povos antigos era o do cachimbo reto ou tubular, mesmo porque esse tipo é uma evolução natural dos "rolinhos" de folhas secas e enroladas que eram fumados. Na época, como já dissemos, colocar as folhas secas dentro de um tubo de pedra ou madeira era muito mais prático e virar a ponta do tubo para cima parece ter sido a solução encontrada por um fumante cansado de ver as folhas acesas caírem do tubo e ter que começar tudo novamente.

Engana-se, porém, quem acreditar que cachimbos mais elaborados somente surgiram por inspiração dos europeus que chegaram a o Novo-Mundo.

Escavações arqueológicas no norte dos Estados Unidos, mais ao sul no vale do rio Mississipi e nos sambaquis da região norte do Brasil, mostram que os povos antigos já haviam evoluído no sentido de fabricarem cachimbos com formas mais elaboradas que um simples tubo.

De norte a sul do continente americano era costume dos indígenas enterrarem seus mortos com alimentos, roupas, utensílios e outros objetos que pudessem ser utilizados na travessia até o outro mundo. Entre esses objetos encontram-se muitos cachimbos, tubulares ou curvos, enfeitados ou não. Na maioria das vezes executados em argila ou pedra, mas encontram-se também de madeiras diversas.

Os cachimbos encontrados nas escavações nos Estados Unidos são originários das tribos dos Chippewas, Delawares e Shawnees, que tinham o cachimbo como um objeto sagrado e profano ao mesmo tempo, merecendo ser colocado entre os objetos que ajudariam o seu possuidor na sua última viagem. Esculpidos com muito cuidado, esses cachimbos podiam não ter nenhum ornamento ou ter esculpidas figuras ligadas a sua cultura religiosa, que incluía a adoração de totens. Esses cachimbos eram feitos em uma única peça sem a adição da peça hoje conhecida como piteira e que nesses era parte integrante dos mesmos.

Como se pode observar em alguns exemplares desses cachimbos, existentes na coleção do Museu Dunhill e descritos por Alfred Dunhill em seu livro "*The Pipe Book*", os mais antigos são cachimbos tubulares escavados em pedra, com uma figura esculpida sobre o mesmo. Aparentemente, numa evolução do projeto escultural, outros cachimbos têm o fornilho moldado na figura, e mais tarde a própria figura é o cachimbo. Neste caso já se evidencia o afastamento completo da forma tubular do cachimbo.

Aqui no Brasil foram encontrados cachimbos moldados em argila nos formatos tubular e angular. Em regiões tão distantes uma das outras como Pirassununga, no interior de São Paulo, e Santarém no Pará, amontoam-se provas arqueológicas do uso do cachimbo pelos índios brasileiros, muito antes da chegada dos portugueses. Também nos cachimbos aqui encontrados, a forma parece estar a serviço da religiosidade dos indígenas, como mostram cachimbos de formato fálico, provavelmente associados a algum rito de fertilidade.

Alguns dos cachimbos angulares encontrados no Brasil, mostram que os mesmos necessitavam de uma "piteira" para serem usados. São peças de tamanho pequeno, com o cabo, onde se encaixava a piteira, bastante curto. São decorados em relevo e com linhas de significado místico ou religioso, representando figuras humanas e de animais.

A difusão do cachimbo, entretanto, se deu através dos europeus, que, após visitarem a América recém-descoberta, voltavam à Europa levando a novidade. O crédito maior deve ser dado aos ingleses, principalmente, segundo a lenda, a Sir Walter Raleigh, que foi a principal referência na corte inglesa sobre a nova arte do cachimbo.

É muito interessante notar que no início os ingleses não tinham um nome para o cachimbo, como pode ser visto na descrição do hábito de fumar publicada na Inglaterra em 1573 e por alguns atribuída a Sir Walter Raleigh.

Holandeses e portugueses levaram o cachimbo para a África, Pérsia, Indochina, Java e Japão. Os asiáticos começaram a adaptar o cachimbo de bambu levados do Brasil pelos portugueses, fazendo lindas peças delicadamente esculpidas e com fornilho pequeno, adequado às fortes misturas de ópio e tabaco usadas na região.

Origem do nome

Além da descrição do hábito de fumar mencionada acima, outras referências descrevem o ato de fumar e o instrumento usado, mas não o nomeiam. Sendo o hábito de fumar desconhecido para os europeus, é lógico que não havia em seu vocabulário a palavra para designar esse instrumento, e assim Frei Bartolomeu de Las Casas descreve na sua transcrição do diário de viagem de Cristóvão Colombo: ",,,eles (os índios) tem sempre um tição em suas mãos, e certas ervas para fumar. Estas são secas e colocadas em uma folha seca do modo dos tubos de papel que os meninos na Espanha usam...". Em 1519 Fernão Cortez relata haver encontrado tribos no México dando baforadas em "bambu perfumado".

Quando navegava pelas costas da América do Norte à procura da passagem noroeste para o Oceano Pacifico, Jacques Cartier descreve em 1563, índios do Canadá fumando uma espécie de cachimbo, mas sem identificar ou nomear o objeto. Um pouco mais tarde, em 1564, um dos tripulantes do Almirante John Hawkins, escreveu sobre os habitantes da Flórida: "...tem uma espécie de erva seca, da qual com um tubo e um "vaso" de argila na ponta, chupam a fumaça através do tubo...".

130

O nome inglês deste "objeto" surgiu naturalmente das próprias descrições, pois todas falavam de um "tubo oco", ou seja, de um "*pipe*" na língua inglesa. Mesmo quando o tubo oco começou a encurvar, tomando o aspecto dos cachimbos de hoje, continuou a ser chamado de "*pipe*". Aparentemente, espanhóis. Italianos e franceses adotaram uma forma local para o nome inglês, ficando "*pipa*" para espanhóis e Italianos e "*pipe*" para os franceses.

O nome cachimbo é próprio da língua portuguesa e parece ter tido origem entre os índios brasileiros. Segundo uma das possibilidades o termo é derivado de "catimbau" que é a prática de feitiçaria e o cachimbo usado nesses rituais era também chamado de catimbau pelos portugueses. Segundo alguns estudiosos, o "t" na língua Tupi tem um som semelhante ao "ch" e daí a chamar o "objeto" de cachimbao e depois cachimbo é uma consequência natural. Segundo outros filólogos, a palavra é de origem africana, o que a colocaria entre os escravos trazidos de Angola.

Vejam o que diz o Dr. Ruy Magalhães de Araújo, mestre e doutor em Filologia Românica pela Universidade Federal do Rio de Janeiro: "...que provavelmente a palavra venha do quimbundo *Ki'xima,* significando poço, ou do diminutivo *Ka+humbu.*

Existem pelo mundo outros termos para designar tipos específicos de cachimbos, dentre os quais podemos citar:

- Calumet: termo francês que significa "tubo" e designa o cachimbo da paz das tribos norte-americanas,
- Kiseru: cachimbo japonês de fornilho muito pequeno, feito muitas vezes de metal e sempre muito decorado;
- Narguilé: cachimbo d'água de origem persa, também chamado de *hooka, shisha* ou *arguilé*;
- Pito: pequeno cachimbo, usualmente de cerâmica, muito usado no interior do Brasil, entre as camadas mais pobres da população.

Materiais

Desde que começou a fumar cachimbo, o homem deu asas a sua imaginação na procura do melhor material para produzir as peças que passaram a fazer parte integrante do seu novo hábito. O limite da imaginação estava, entretanto, marcado pela limitação dos materiais disponíveis ou por limitações místicas ou religiosas. Os europeus, quando começaram a levar o cachimbo para casa, escolheram os materiais mais acessíveis como a argila, o bambu e algumas outras madeiras, e a partir daí deram início à incrível expansão do hábito de fumar por todo o mundo. Quando os cachimbos começaram a ser produzidos na Europa, adotou-se o modelo angular com um pequeno fornilho, e os cachimbos tubulares nunca foram produzidos regularmente, embora alguns poucos modelos neste formato reto tenham sido encontrados. Sem sombra de dúvida, os materiais mais comuns na fabricação de cachimbos foram a cerâmica, o *meerschaum* e a madeira.

Cerâmica

Os cachimbos cerâmicos são na realidade produzidos com dois tipos de material: a argila (popularmente chamada de barro) e a porcelana.

Conhecidos mundialmente como "clay pipes" os cachimbos de argila tiveram o seu início entre os índios das Américas, conforme já mencionado. Muito ligados aos rituais religiosos, esses cachimbos possuíam os mais variados formatos, indo desde simples tubos de argila cozida até formatos mais elaborados com figuras de animais e, também, figuras humanas.

No final do século XVI o hábito de fumar tabaco em cachimbos já estava estabelecido na Inglaterra e o aumento da procura causou uma escassez de cachimbos no país. Utilizando cachimbos trazidos da América em pequenas quantidades, os fumantes ingleses não conseguiam encontrar cachimbos suficientes para suprir a demanda. Este era o ambiente propício para o surgimento das primeiras fábricas inglesas de cachimbos de argila.

Segundo Alex Liebart e Alain Maya no livro "La Grande Histoire de la Pipe" a primeira fábrica foi fundada em 1575 na vila de Shropshire a nordeste de Birmingham e produzia cachimbos de argila num formato que permitia que o mesmo fosse apoiado sobre a mesa, o que era muito conveniente pois estes cachimbos esquentavam muito.

Os cachimbos passaram a ser fumados nos mais variados lugares, desde tavernas até igrejas e uma versão mais longa de cachimbo foi chamada de "*churchwarden*" por razões que até hoje não têm uma explicação convincente.

No início de 1600 a Inglaterra era um grande produtor de cachimbos de argila, com uma grande quantidade de fábricas em Londres e na maioria das cidades portuárias do país, já que os marinheiros sempre foram os grandes clientes.

Por volta de 1619 ou 1620 os fabricantes, já firmemente estabelecidos apesar de toda a perseguição que sofriam desde que o rei James I assumiu o trono, solicitaram ao mesmo que estabelecesse um estatuto para a fabricação e o comércio de cachimbos. Irritado com esta atitude o rei estabeleceu uma associação em Londres, tornando ilegal qualquer atividade dos fabricantes fora desta associação. Uma consequência imediata foi o declínio da produção inglesa de cachimbos, pois todos as outras cidades, fora Londres, tiveram seus fabricantes colocados na ilegalidade.

Por força dessa restrição e de uma perseguição religiosa contra os católicos, muitos fabricantes procuraram refúgio na Holanda, mais precisamente na cidade de Gouda a nordeste de Rotterdam. Quarenta anos antes, todos esses artesãos ingleses foram precedidos por um outro inglês chamado William Baernelts que fundou a primeira fábrica de cachimbos em Gouda. A sua adaptação foi tão completa que esse primeiro fabricante veio a ser conhecido depois de alguns anos como Willem Barentz, seu nome holandês.

Os modelos então fabricados se mantiveram os mesmo por muitos anos e todos eles eram oferecidos com piteiras curtas, médias ou longas, geralmente em uma só peça, embora em alguns casos se encontrem modelos com piteiras adaptadas.

As pinturas dos grandes mestres holandeses são uma fonte histórica de registro desses cachimbos, que os apresentavam em todos os quadros que fosse possível, quer seja em pinturas de grupos, cenas de rua, natureza morta ou autorretratos.

A popularidade dos cachimbos de argila holandeses levou os artesãos de outros países como a França, por exemplo, a se lançarem nesse mercado, muitas vezes copiando modelos ou técnicas de fabricação. Em vista disso, por volta de 1740 os fabricantes de cachimbos de Gouda começaram a estampar em seus produtos um selo da associação local como modo de combater a "pirataria".

Também no Brasil os cachimbos de argila eram fabricados em quantidade e levados para Portugal de onde se espalharam pela África e Ásia. Ainda hoje, cachimbos de argila, conhecidos nos mais distantes rincões brasileiros com "pitos de barro" podem ser encontrados em uso pela camada mais pobre da população. É perfeitamente possível acreditar que com o estabelecimento da Cia. das Índias Ocidentais no norte e nordeste brasileiros, muitos cachimbos de argila fabricados em Gouda tenham aqui chegado no século XVIII.

No início do século XVIII um novo material surgiu e começou a ser usado na fabricação de cachimbos cerâmicos: a porcelana.

Ao contrário dos cachimbos de argila que eram feitos em uma peça única e fornilhos pequenos, os cachimbos de porcelana tinham os fornilhos bem maiores e eram feitos para serem usados com piteiras de madeira ou ossos, bastante longas e curvas (quase verticais) e que não raro podiam chegar a 1m de comprimento. Um formato muito comum na época assemelhava-se a uma taça de champanhe dos dias de hoje, sem o pé de apoio. A haste da "taça" é que era encaixada na piteira.

Os cachimbos de porcelana eram ricamente ornamentados, tendo seu fornilho pintado com cenas de caçadas, retratos de reis, brasões heráldicos e emblemas de unidades militares. Os melhores e mais bonitos desses cachimbos de porcelana eram originários das fábricas de Gouda, mas foi na Alemanha que os cachimbos de porcelana atingiram o seu máximo em decoração.

Tanto quanto seus semelhantes em argila, os cachimbos de porcelana esquentam muito ao serem fumados, tornando praticamente impossível segurar um deles pelo corpo. Entre os fumantes dos "clay pipes" tornou-se obrigatório segurá-los pela longa piteira, numa posição que se tornou lendária como figura de sofisticação e reproduzida nas inúmeras gravuras da época.

Mesmo ameaçados pelos cachimbos de "meerschaum" (espuma do mar) surgidos por volta de 1723, os cachimbos cerâmicos de argila e porcelana mantiveram sua popularidade até o fim do século XIX, quando os cachimbos de madeira "briar" ou "bruyère" começaram a se tornar populares. Hoje em dia os cachimbos cerâmicos são raros e os poucos encontrados são quase sempre muito antigos.

Características

Os cachimbos de cerâmica, quer sejam de argila ou de porcelana, possuem certas características únicas que os tornam uma opção interessante para os mais ardorosos defensores dos cachimbos de briar ou de meerschaum.

Algumas dessas características são:

- Não são inflamáveis, portanto não importa se o fumante deixa o cachimbo esquentar pois isso não danifica o mesmo.
- Não possuem nenhum sabor que possa ser transferido ao tabaco, permitindo assim que se aprecie o sabor do mesmo sem qualquer interferência.
- Não necessitam amaciamento nem formação de crosta no fornilho, podendo assim serem fumados normalmente desde a primeira vez.

- Podem ser limpos completamente sem que fique qualquer "memória" dos tabacos que foram fumados, não importa quanto sejam fortes ou aromatizados.

Entre as desvantagens dos cachimbos cerâmicos está a sua fragilidade e pouca resistência a quedas e golpes bruscos, além da sua notória capacidade de se transformar em uma fornalha, não importando o cuidado que se tenha ao fumar.

Tipos

Os tipos de cachimbos cerâmicos existentes se referem ao processo usado na sua fabricação. Existem dois processos de fabricação: prensagem e fundição.

No processo por prensagem, usado quase que exclusivamente com cachimbos de argila, uma massa de argila é prensada entre as duas metades de um molde com uma vareta inserida ao longo da parte que será a piteira até uma protuberância na outra extremidade, que será o corpo do cachimbo. O material é deixado secar no molde até que o material adquira uma certa rigidez que permita ser manuseado, a vareta é retirada com muito cuidado e o cachimbo é deixado para secar completamente, após o que é levado a um forno para ser "cozido" a altas temperaturas.

No processo de fundição, assim chamado por sua semelhança com a fundição de metais, uma mistura líquida de argila, água e outros componentes é colocada em um molde geralmente de gesso. A absorção da água pelo molde faz com que uma parte da fração sólida se deposite na superfície interior do molde. Depois de decorrido tempo suficiente para formar as partes do cachimbo, o excesso da mistura líquida é drenado e o molde é deixado a secar até que a peça de argila ou porcelana atinja a firmeza necessária para manuseio. O molde é então aberto e o cachimbo retirado e deixado secar completamente antes de ser levado ao forno para queima.

Os cachimbos de argila são mais porosos que os cachimbos de porcelana sendo mais fáceis de fumar por absorverem uma parte da umidade resultante da queima do tabaco, o que não acontece com os cachimbos de porcelana que tem absorção próxima de zero.

Com alguma frequência os cachimbos de argila (e em alguns casos os de porcelana) são esmaltados, adquirindo uma superfície vitrificada tanto dentro como fora do fornilho. Fumar um cachimbo esmaltado é quase como fumar um cachimbo de vidro, requerendo uma limpeza mais cuidadosa para evitar o acúmulo de alcatrão e restos de combustão de tabaco.

Fumar um cachimbo cerâmico, seja de argila ou porcelana, não é muito diferente de fumar um cachimbo de briar com a notável exceção de que é praticamente impossível segurar um desses cachimbos pelo corpo a menos que você use uma pinça ou luvas de amianto.

Muitos cachimbos de cerâmica são providos de uma protuberância sob o corpo, projetada com uma dupla finalidade: permitir que o cachimbo seja seguro próximo ao fornilho e para descansar o cachimbo sobre mesas e toalhas sem queimar as mesmas pois, pela sua localização e tamanho, essas "gotas" se mantém razoavelmente frias.

A grande maioria das peças de cerâmica existentes hoje em dia é de fabricação antiga, pertencentes a coleções e raramente se encontra um desses cachimbos em uso cotidiano. Também devido à dificuldade de fabricação é muito raro encontrar cachimbos de cerâmica de produção recente e quando se encontra, são peças produzidas mais como uma curiosidade do que com uma finalidade comercial.

Sem sombra de dúvida, uma das causas que contribuiu para o declínio dos cachimbos de cerâmica foi a dificuldade de limpeza dos mesmos, pois passar um limpador, qualquer que seja ele, por 40 ou 50 cm de piteira, que pode partir-se com um esforço maior, não é tarefa fácil.

Por outro lado, a limpeza mais completa e menos complicada, que consistia em colocar os cachimbos em um forno e calcinar qualquer sujeira, devolvendo o cachimbo à sua condição original, também demandava equipamentos que a imensa maioria das pessoas não possuía.

Meerschaum

Nas primeiras décadas do século XVIII um novo material começou a ser usado na fabricação de cachimbos: era o "meerschaum". Trata-se de um mineral extremamente branco que resultava em cachimbos delicados e muito bonitos que se tornaram a febre dos fumantes da época.

O produto a que nos referimos é um silicato hidratado de magnésio, comumente chamado pelo nome alemão de "meerschaum" que significa espuma do mar. O nome provavelmente teve origem no fato desse material ser de um branco intenso ou levemente rosado, ser muito poroso e leve o suficiente para flutuar nas águas do Mar Negro, onde foi visto à deriva.

A origem deste material é desconhecida, mas alguns acreditam que tenha se formado a milhões de anos pelo depósito das conchas de micro-organismos marinhos no fundo de um oceano, que mais tarde, por movimentos sísmicos tornou-se terra firme. Outros acreditam que o 'meerschaum' é única e tão somente um mineral surgido entre 10 e 20 milhões de anos atrás. Por razões que só a natureza pode explicar, o produto extraído da região de Eskisehir (entre Istambul e Anatólia) na Turquia, é o único que resulta em cachimbos de alta qualidade. Meerschaum originário da República Tcheca e dos Estados Unidos, nem de longe se compara com o produto extraído na Turquia. Também na Grécia se encontram ocorrências de meerschaum, mas como as outras não são tão abundantes e nem possuem a mesma qualidade do material turco.

O meerschaum recém-extraído é macio e endurece se deixado secar ao sol ou em estufas. Quando umedecido novamente volta a tornar-se macio, o que permite que seja esculpido com maior facilidade. O mineralogista alemão E.F. Glocker deu ao mineral o nome de sepiolita, originado do grego "sepion" ou "esqueleto de peixe".

Algumas regiões produtoras da Turquia são exploradas desde 1650 mais ou menos, o que deixa em suspenso a ideia de que os primeiros cachimbos nesse material foram feitos pelos turcos na forma de seus tradicionais "chibouk" (um cachimbo de longas e decoradas piteiras, com fornilho de argila).

A lenda, entretanto, atribui a glória do primeiro cachimbo de meerschaum ao húngaro Conde Gyula Andrassy, um nobre de Budapest, que no seu retorno da Turquia em 1723, onde fora em missão diplomática, recebeu de presente dois blocos de meerschaum.

Diz a história que o conde deu os dois blocos a um sapateiro de Budapest que era um exímio escultor de madeira nas horas vagas e lhe pediu que fizesse dois cachimbos dos blocos. Porque o conde pediu a Karel Kovacs (esse o nome atribuído ao sapateiro) que lhe fizesse um cachimbo e não uma outra escultura qualquer fica por conta da lenda.

A partir daí a história tem dois caminhos. O primeiro deles diz que o sapateiro fez os dois cachimbos e os entregou ao conde que, em reconhecimento (ou pagamento) dos seus serviços, deu-lhe um dos cachimbos. O sapateiro fumava seu cachimbo durante o trabalho e acidentalmente o sujou com cera de abelha que usava. Algum tempo depois notou que isso melhorou a cor do cachimbo e ele o cobriu todo com cera, notando também que o sabor do tabaco mudava para melhor.

O segundo caminho diz que o sapateiro sujou acidentalmente o primeiro cachimbo que fez por estar com os dedos sujos de breu de sapateiro, o que deixou o cachimbo com marcas amarelas e ele não o entregou ao conde, guardando-o para si. Para fazer o cachimbo do conde Andrassy ele lavou as mãos cuidadosamente para não manchar a peça. Ao fumar o seu cachimbo durante algum tempo o sapateiro percebeu que o breu havia acentuado a cor dourada do cachimbo. Terminou o segundo cachimbo e o entregou ao conde.

Este ficou tão satisfeito com seu cachimbo que passou a trazer meerschaum para ser esculpido pelo seu hábil sapateiro e em pouco tempo muitas pessoas do relacionamento do conde estavam desfrutando do prazer de fumar seu tabaco predileto nessas novas obras de arte, muito melhores que os cachimbos de cerâmica e madeira até então conhecidos.

Verdade ou não, a história contém todos os ingredientes verdadeiros a respeito do cachimbo de meerschaum desde a beleza da peça, passando pela mudança de cor até a pureza de sua fumada.

Após 1750 os cachimbos de meerschaum se tornaram a febre dos fumantes europeus de posses, visto que seu preço era muito superior ao dos cachimbos de argila.

A fabricação de cachimbos de meerschaum se espalhou pela França, Inglaterra e Áustria, sendo que Viena se transformou no maior centro produtor porque era nessa cidade que havia uma indústria que complementava maravilhosamente a produção do cachimbo de meerschaum: a produção de âmbar, matéria prima perfeita para a confecção das piteiras dos cachimbos de meerschaum de melhor qualidade.

Fabricação

A fabricação de cachimbos de meerschaum tem início na extração dos blocos do mineral. Utilizando-se de um processo tão antigo quanto familiar, passando a técnica de pai para filho durante gerações.

Os veios de meerschaum encontram-se em profundidades que variam de 30 a 100 metros. A extração tem início com a escavação de um poço vertical com mais ou menos 1 m de diâmetro até se chegar ao veio, quando então os mineradores começam a cavar uma galeria horizontal. Todo o trabalho é manual com ferramentas nada sofisticadas. Calcula-se que existam na região de Eskisehir cerca de 15.000 poços que dão acesso a muitos quilômetros de galerias. Muitos se preocupam com o possível fim das jazidas de Eskisehir, mas diz-se que novas jazidas foram descobertas na Turquia (e mantidas em segredo) o que asseguraria o suprimento de meerschaum por muitos e muitos anos.

Grandes blocos são extraídos dessas galerias, os quais necessitam de uma limpeza pois se apresentam sujos, cobertos de argila e com incrustações de serpentina (silicato de magnésio).

Como a melhor parte para a produção de cachimbos é a parte interna do bloco, a qual é livre de impurezas (tais como areia), a parte externa do bloco é removida e descartada. A tarefa é facilitada pelo fato do meerschaum ser úmido e macio quando é extraído.

Estes blocos limpos e livres de impurezas mais grossas são então lixados e colocados a secar ao sol ou em estufas por um período de até três semanas, ao fim do qual, devido à perda de sua umidade natural, tornam-se mais duros. Neste ponto do processo os blocos sofrem a primeira inspeção para a remoção de falhas ou impurezas que possam interferir na qualidade do produto. Muitas vezes, devido à remoção dessas impurezas, que pode deixar vazios, ou por falhas internas, os blocos maiores devem ser cortados em peças menores para melhor aproveitamento.

O passo seguinte é encerar e polir os blocos, ressaltando a textura do material, o que permite, numa segunda inspeção, uma classificação qualitativa dos mesmos, levando em conta a sua porosidade, cor, peso e consistência da textura, num total de cinco níveis de qualidade.

Uma vez estabelecida esta classificação, cada um dos blocos é separado mais uma vez de acordo com o seu tamanho, que determinará o tipo de cachimbo que será fabricado com ele.

Já na fábrica, os blocos são molhados novamente para amolecer e assim são cuidadosamente cortados a mão com serras especiais, até chegar ao formato aproximado do cachimbo pretendido. Um segundo artesão mais experiente, refina o formato até chegar muito próximo do formato final que será obtido por um mestre artesão que dará o acabamento. Faz parte das atribuições deste a escavação do fornilho e a perfuração do duto de ar no cabo do cachimbo: qualquer desvio e a peça vira refugo para ser moído.

Aliás, todo pó resultante do processamento dos blocos de meerschaum é cuidadosamente recolhido, misturado com um ligante e prensado para "reconstituir" os blocos de meerschaum. Este produto reconstituído é muitas vezes chamado de "espuma de Viena", em referência ao lugar que lhe deu origem, e é usado na produção de cachimbos de formatos mais tradicionais e menos "esculpidos" que utilizam mais máquinas e menos talento artístico para serem feitos. Um pouco deste pó e ligante é usado para mascarar pequenas imperfeições que possam surgir ao longo do processo de fabricação. O cachimbo em sua forma final é colocado para secar novamente, para endurecer o meerschaum.

A partir deste ponto os processos variam de acordo com o fabricante, mas em geral consistem em um banho de parafina fundida em espermacete de baleia (líquido oleoso extraído da cabeça da baleia cachalote), da colocação do encaixe da piteira, do polimento com os tecidos mais macios possíveis para evitar riscos e finalmente um banho em cera de abelha e da colocação da piteira, que nos modelos mais caros é feita de âmbar e mais recentemente de acrílico ou lucite.

Nos cachimbos esculpidos com figuras, animais ou o que quer que seja, todo o trabalho é feito por um mestre artesão, mas que seguem os mesmos passos descritos acima e que guardam zelosamente as fórmulas dos banhos que permitirão ao cachimbo de meerschaum adquirir a cor dourada tão almejada por todos os fumantes desses cachimbos.

Características

Os cachimbos de meerschaum possuem algumas características únicas em razão do material de que são feitos, e que tornam o hábito de fumar um cachimbo desse material, um pouco (mas não muito) diferente do hábito de fumar um cachimbo de briar. Em virtude disso existe também muita lenda e folclore ao redor do meerschaum que muitas vezes atrapalham o prazer de possuir e fumar um desses cachimbos.

Nos itens abaixo estão relacionadas algumas características e alguns pontos diferenciados de um cachimbo de meerschaum com a opinião (inclusive a minha) de alguns autores, fabricantes e colecionadores.

- Mudança de cor: por ser feito de um dos materiais sólidos mais porosos da natureza, o cachimbo de meerschaum vai gradualmente mudando de cor, do branco até um marrom dourado, à medida que é usado. Esta mudança é devida à absorção pelas paredes do cachimbo do alcatrão e nicotina do tabaco. A cor final e o tempo que se leva para chegar até ela, dependem de uma infinidade de fatores, entre os quais podem ser citados: o bloco de meerschaum, o tabaco usado, o seu modo de fumar, a frequência com que você fuma esse cachimbo, o processo, os banhos de cera, etc. Alguns cachimbos podem mudar de cor muito rapidamente e estarem totalmente mudados em 2 ou 3 meses, outros, porém, podem levar um ano ou mais. Eu pessoalmente gostaria que meus cachimbos de meerschaum nunca mudassem de cor e mantivessem sempre o branco imaculado que tinham antes de serem fumados, mas como sei que isso não é possível, só me resta acompanhar a mudança. Alguns fumantes, entretanto, fazem de tudo para apressar o processo.

- **Amaciamento**: não há necessidade de se fazer o amaciamento de um cachimbo de meerschaum, pois eles não necessitam da formação da crosta de carvão para proteger as paredes do fornilho, pois sendo um mineral não são afetados pelo calor como os cachimbos de briar. O melhor é evitar que a crosta de carvão (ou o bolo como chamam alguns) se forme e para isso aconselha-se limpar o fornilho com um pano seco após fumar. No entanto se a crosta se formar, o melhor é retirar o máximo possível sem chegar a raspar o meerschaum das paredes e manter essa crosta no mínimo possível pois devido ao coeficiente de dilatação bem diferente entre o carbono da crosta e o meerschaum das paredes do cachimbo, o fornilho poderá rachar se a crosta atingir uma espessura excessiva.

- **Manuseio**: alguns colecionadores usam luvas brancas de tecido macio para manusear seus cachimbos de meerschaum. Acho isso um exagero e impraticável para o fumante. A não ser que você tenha as mãos muito oleosas (ou muito sujas) não há problema, mas para se garantir, acostume-se a segurar o cachimbo pela piteira.

- **Acender:** Nada diferente do que acender qualquer outro cachimbo. Como sou contra o uso de isqueiros tipo maçarico em qualquer cachimbo, também desaconselho o seu uso com cachimbos de meerschaum. Embora alguns digam que estes cachimbos não queimam, considero o uso desses isqueiros como um acidente esperando acontecer; e vai acontecer mais cedo ou mais tarde.

- **Cuidados:** creio que tanto quanto os cachimbos de cerâmica, os cachimbos de meerschaum são muito delicados quando se trata de quedas ou golpes bruscos. Por esta razão nunca bata o fornilho de seu cachimbo sobre uma superfície dura para tirar as cinzas. Se elas não saírem apenas virando o cachimbo, não bata o fornilho em nada mais dura que a palma de sua mão e assim mesmo com muito cuidado para não quebrar o cabo. Para tirar a piteira (depois que o cachimbo estiver frio) segure o mesmo pelo cabo e gire a piteira a metida que puxa. O processo é o mesmo para colocar a piteira.

- **Limpeza:** por absorverem a umidade, os cachimbos de meerschaum não precisam descansar entre uma fumada e outra, mas sempre é bom passar um escovilhão seco (veja o que é no item "Acessórios") pela piteira para tirar o excesso de sujeira. Se for usar álcool no escovilhão use com economia pois se o álcool for absorvido pelo meerschaum e evaporar muito rapidamente durante a fumada, o cachimbo pode rachar. No caso de usar álcool para limpeza, é melhor deixar o cachimbo secar depois.

Cachimbos de meerschaum

Mais que um cachimbo, um cachimbo de meerschaum é na maioria das vezes uma obra de arte que merece ser admirada, tanto quanto merece ser fumado. Mesmo os cachimbos mais lisos e sem incrustações ou linhas esculpidas tem uma beleza própria tanto em seu branco intenso e imaculado quanto no dourado que adquire após algumas cachimbadas.

Sabugo de milho

O cachimbo feito de sabugo de milho é uma impossibilidade técnica que deu certo, pois existem poucas coisas mais propensas a pegar fogo do que sabugo de milho seco.

Mais conhecido entre os fumantes pelo seu nome inglês de "corn cob" (sabugo de milho) esse cachimbo surgiu em 1869 quando um fazendeiro do Missouri nos Estados Unidos (e que provavelmente plantava milho) entalhou a faca um cachimbo usando uma espiga de milho seco. Ele gostou tanto do cachimbo que pediu a um marceneiro chamado Henry Tibbe que torneasse alguns para ele, pois os cachimbos acabavam logo. O marceneiro produziu vários cachimbos e colocou alguns para venda em sua loja. O sucesso de

145

vendas animou o Sr. Tibbe a continuar no negócio e a aperfeiçoá-lo. Com a ajuda de um amigo farmacêutico, desenvolveu uma mistura de gesso para aplicar no exterior do fornilho para melhorar a aparência e a durabilidade.

O novo cachimbo recoberto de gesso tinha uma certa semelhança com os cachimbos brancos de meerschaum além de ser leve e poroso como aqueles, o que o levou a ser chamado de "Missouri meerschaum". Em 1907 a empresa do Sr. Tibbe adotou esse nome oficialmente e passou a se chamar "The Missouri Meerschaum Company".

Em pouco tempo outras empresas entraram nesse novo mercado e por volta de 1925 havia pelo menos uma dúzia delas, mas o tempo e a grande depressão americana da década de 1930, ajudaram a reduzir esse número restando reconhecidamente hoje em dia a "Missouri Meerschaum" original.

Durante a I Guerra Mundial, milhões desses cachimbos forma produzidos e enviados pelo governo norte-americano para os soldados que lutavam na Europa. O mesmo foi feito durante a Segunda Guerra Mundial e a figura mais emblemática e conhecida dessa época é da do General Douglas MacArthur com seu enorme "corn cob" no modelo que ficou conhecido com o seu nome. Dizem os historiadores que o General MacArthur foi convencido a fumar cachimbo pelo seu superior, o General John Joseph "Black Jack" Pershing que era nativo do Missouri. Segundo os fabricantes o cachimbo do General MacArthur foi produzido segundo suas especificações.

Fabricação

A descrição do processo de fabricação de um "corn cob" descrito a seguir, é baseada na página da internet da "The Missouri Meerschaum Company".

A produção diária da fábrica é de 5.000 unidades, utilizando uma força de trabalho de 50 empregados.

O milho usado na produção dos cachimbos era o milho comum, até que em 1946 foi desenvolvida uma espécie de milho que gera um sabugo maior e mais forte.

O milho é colhido e armazenado em silos até ser debulhado e os sabugos colocados para secar por dois anos, o que os torna mais duros e, portanto, mais fáceis de manusear sem que se quebrem. Depois de secos os sabugos são classificados de acordo com o tamanho e levados para a linha de produção de acordo com essa classificação. Os sabugos são cortados ou não dependendo do seu tamanho e do tamanho do cachimbo que deverá ser produzido. As primeiras operações são, portanto, o corte do sabugo e a perfuração do fornilho e do furo da piteira. Alguns modelos têm o furo do fornilho vazado e uma "rolha" de madeira é colocada no fundo do fornilho para fechamento. O passo seguinte é a usinagem, em tornos, do formato do cachimbo, sendo que alguns modelos como os MacArthur são feitos em tornos manuais.

Em seguida, já no seu formato final, os cachimbos recebem a aplicação de uma mistura especial de gesso na superfície do fornilho e é deixado a secar por pelo menos um dia antes de ser lixado e polido.

A montagem do cachimbo tem início com a colocação de uma ponteira de metal nas piteiras, a qual é introduzida através da parede do fornilho, sendo a área ao redor do ponto de introdução retocada, bem como qualquer outra irregularidade. A boquilha da piteira é feita de plástico.

Características

Os cachimbos "corn cob" são considerados descartáveis nos Estados Unidos devido ao seu baixíssimo preço (menos que 10 dólares americanos) e a sua curta vida útil, que normalmente não é mais que três ou quatro meses.

Devido a sua porosidade, sua fumada é razoavelmente seca e o cachimbo não precisa ser deixado descansar entre uma fumada e outra. Não é necessário e nem recomendável a formação de crosta no interior do fornilho de um "corn cob", por isso é suficiente limpar o interior do fornilho com um pano seco logo após a fumada, com o intuito de se remover restos de tabaco e carbono aderentes à parede do fornilho.

Com um pouco de cuidado, esses cachimbos podem durar mais que o período mencionado acima, mesmo se forem fumados com uma certa frequência, mas definitivamente não são cachimbos para se ter a vida toda como um cachimbo de briar ou meerschaum.

Calabash

Calabash (que significa cabaça) não é apenas um material usado na produção de cachimbos, mas um tipo de cachimbo pronunciadamente curvo feito a partir de uma planta chamada "gourd" (que significa cabaça). Confuso? É sim, ainda mais quando você lê um texto em inglês e encontra a expressão "gourd calabash" ou seja "cabaça de cabaça". Por extensão, qualquer cachimbo que tenha o formato do "calabash" feito de "gourd" é chamado de calabash seja ele feito de madeira ou de meerschaum.

Apesar dessa pequena confusão, os cachimbos "gourd calabash" são peças muito bonitas que proporcionam uma fumada fria e seca, muito agradável segundo seus apreciadores. Dependendo do material de que é feito o fornilho, é uma peça leve e muito confortável para se segurar nas mãos e eventualmente na boca.

A sua fumada fria e seca é em grande parte devida ao espaço existente entre o fornilho e o cabo. A parte externa de um "gourd calabash" nunca é quente, não importa o que você faça enquanto fuma.

O "gourd" é uma planta da família das Cucurbitáceas (prima do pepino) e o tipo que nos interessa é do gênero *Lagenaria*, que dá um fruto parecido com uma abóbora mas com uma casca dura depois de seca. É uma planta das regiões tropicais e tem uma espécie de pescoço em uma das extremidades.

A primeira notícia que se tem desses cachimbos data da metade do século XVII quando alguém viu nativos na África do Sul fumando longos cachimbos com o fornilho adaptado a uma cabaça cortada em uma de suas pontas e esvaziada. Somente por vota de 1900 é que se começou a fabricar cachimbos *calabash* como os que conhecemos hoje.

Quando o fruto do "gourd" começa a crescer, o mesmo é trabalhado para que o pescoço da planta tenha o aspecto mais curvo, que é o que se deseja. Quando o fruto está maduro, a planta é colhida e o pescoço é cortado e esvaziado da polpa e sementes, após o que é colocado para secar adquirindo a casca a consistência dura e colorida.

Na fábrica, esta peça é preparada com a confecção de uma guarnição de cortiça que servirá de acento e vedação para o fornilho de meerschaum ou cerâmica. Na parte mais fina do pescoço é adaptada uma piteira e todo o conjunto é lixado para nivelar as partes.

Gourd calabash

Características

Como uma boa parte do trabalho de produção de um *calabash* é executada pela natureza, é mais do que certo que não há dois cachimbos iguais. Ou diferem na cor, no ângulo ou no diâmetro do pescoço, o que obriga a adaptação da cortiça para sustentação dos fornilhos que são de um diâmetro fixo.

Entre as características mais marcantes de um cachimbo *calabash* podemos citar:

- Formato: é único e radicalmente diferente de qualquer outro cachimbo.

- Tamanho: via de regra são cachimbos grandes, sendo pouco comuns os modelos menores. Mesmo os tamanhos maiores são bastante leves, principalmente quando o fornilho é feito de meerschaum.

- Fumadas frias: devido ao volume da câmara abaixo do fornilho e da distância do fornilho até a piteira.

- Fumadas secas: o formato curvo do cachimbo evita que a umidade do tabaco condensado durante o fumar chegue até a piteira, secando a fumaça e evitando o gosto amargo. Além disso a parede do "gourd" logo abaixo do fornilho é bastante absorvente e retém parte da umidade da fumaça.

- Amaciamento: como os cachimbos de cerâmica e meerschaum, os *calabash* não necessitam de amaciamento, mesmo porque o fornilho em contato com o tabaco é feito desses materiais. Também não necessitam que se forme a crosta ou "bolo" no fornilho.

Os cachimbos *calabash* devem ser limpos com frequência, inclusive a parte interna que depois de "lavada" com um álcool adequado deve ser deixada para secar antes de se remontar o cachimbo.

Dos fumantes de cachimbos *calabash*, nenhum ficou mais ligado ao modelo do que o personagem de Sir Arthur Conan Doyle, o detetive inglês Sherlock Holmes. Porque? "Elementar meu caro Watson. Porque esse é o meu cachimbo." diria o arguto investigador.

Madeiras

Abundante na natureza, fácil de ser extraída e fácil de ser trabalhada, a madeira sempre foi um dos materiais mais usados na fabricação de cachimbos. Além disso, os cachimbos feitos de madeira não são tão frágeis como os cachimbos feitos de cerâmica ou meerschaum que apesar de propiciarem uma fumada seca, suave e doce, necessitam de um cuidado imenso para não terminarem seus dias remendados ou esquecidos em pedaços no fundo de uma gaveta. Os cachimbos de madeira não esquentam como os de cerâmica ou de metal e não são tão pesados como estes.

Apesar disso, a madeira em geral é combustível e pode queimar junto com o tabaco como se fosse parte deste, ou se não tanto, o suficiente para dar um gosto diferente e quase sempre amargo ao tabaco. Por isto, encontrar a madeira que fosse disponível, leve, má condutora de calor, que não queimasse e fosse relativamente fácil de ser trabalhada e, também, fosse bonita, sempre foi o objetivo de todos que se propunham a fazer um cachimbo de madeira.

Ao longo dos anos muitas madeiras foram testadas com resultados promissores, mas nunca completamente satisfatórios para os fumantes de cachimbo, principalmente quando comparados com os resultados obtidos com os cachimbos de cerâmica ou meerschaum. O maior problema era que, muitas vezes a madeira que dava bons resultados não era de disponibilidade geral e havia a necessidade de encontrar outra que fosse mais fácil de se conseguir.

O que causou o aumento quase explosivo do uso dos cachimbos de madeira foi a descoberta de um tipo de madeira até hoje não suplantado por nenhum outro: o "briar" ou "bruyère".

Briar

Chamada de "briar" em inglês, de "bruyère" em francês, essa madeira é conhecida em português como urze branca, torgo ou Torga, mas entre os fumantes de cachimbo é mais conhecida pelo seu nome inglês.

Combinando todas as características para a confecção de um cachimbo, essa madeira tem boa resistência ao fogo, é má condutora de calor, é razoavelmente absorvente, e tem um mínimo ou quase nenhuma interferência no aroma e no sabor do tabaco. Além disso é resistente, bastante leve, muito bonita e pode ser trabalhada com relativa facilidade.

Não se sabe ao certo quem foi o "inventor" do cachimbo de briar e nem a data precisa de quando surgiu tal "invenção". Histórias, entretanto, é que não faltam e todas elas só têm uma coisa em comum: apontam para a pequena vila francesa de Saint Claude na região do Jura na França, mais ou menos próximo da fronteira da Suíça, como o lugar onde foi fabricado o primeiro cachimbo nessa madeira.

Uma das histórias diz que um fabricante de cachimbos da região do Jura e partidário ferrenho de Napoleão Bonaparte, fez uma peregrinação à terra natal do imperador em 1821 na ilha da Córsega. Tendo quebrado seu cachimbo durante um passeio, pediu a um camponês que lhe fizesse outro, com a efígie de Napoleão. Assim foi feito e o fabricante de cachimbos ficou radiante com a aparência de seu cachimbo e com a qualidade do mesmo, que se traduzia numa excelente fumada, que realçava o aroma e o sabor do tabaco. Conseguiu junto ao camponês uma boa quantidade dos blocos usados na fabricação de seu cachimbo e os levou para Saint Claude onde começou a fabricar outros cachimbos que faziam a felicidade de seus amigos.

Outra história nos mesmos moldes, diz que um diplomata que retornava de Genebra na Suíça, por volta de 1820, teve que pernoitar em Saint Claude e aí percebeu que seu cachimbo de meerschaum estava quebrado. Pediu a um artesão local, exímio em trabalhos em madeira que o consertasse, mas este viu que não havia meios para isto. Para agradar ao seu distinto cliente, resolveu esculpir um cachimbo usando um pedaço de madeira que seu filho havia trazido da costa francesa do Mar Mediterrâneo e que se encontrava em uma estufa há vários anos, e que chamavam de "bruyère". Adaptou a piteira do cachimbo quebrado à sua nova escultura e a levou ao cliente na manhã seguinte com um pedido de desculpas por não haver conseguido consertar o meerschaum. O dignitário francês ficou maravilhado com a aparência da peça e resolveu experimentá-lo de imediato e o seu sorriso de satisfação à medida que fumava era mais que um cumprimento ao artesão de Saint Claude. Como dizem, o resto é história, e a partir daí todos que passavam por Saint Claude pediam um cachimbo de "bruyère".

Menos românticas, mas mais lógicas, outras histórias dão conta que por volta de 1850 a nova madeira extraída da raiz do arbusto chamado "bruyère" foi oferecida aos artesãos de Saint Claude pelos vendedores de madeira que abasteciam o negócio local. Depois de atestar as excelentes qualidades da madeira para a fabricação de cachimbos, os artesãos da vila começaram a produzi-los em grandes quantidades, tornando a pequena vila de Saint Claude na capital mundial do cachimbo.

O sucesso dos novos cachimbos não se deveu apenas à nova madeira, mas ao fato de que os artesãos de Saint Claude possuíam mais de um século de experiência no trabalho com madeiras e já eram conhecidos pelas suas qualidades artísticas.

Origem

A madeira usada para a fabricação de cachimbos é originária de um arbusto ou pequena árvore de nome científico de *Érica arbórea* que possui de 4 a 6 metros de altura e é encontrada em estado selvagem nas costas áridas e rochosas do Mar Mediterrâneo. Hoje em dia o briar é colhido na Espanha, Córsega, Sardenha, Grécia e Argélia, principalmente, e é difícil dizer se um desses locais produz madeira melhor que a dos outros.

Na realidade não é da árvore que se extrai a matéria prima dos cachimbos, mas de um nó que se forma logo acima das raízes da planta e que entre outras funções serve para fixar as raízes e equilibrar o tronco que se projeta dele. Este nó também serve de depósito para os nutrientes e a umidade necessários para a sobrevivência da planta nesse clima árido e rochoso. Ao contrário da planta cujo crescimento estaciona, o nó continua crescendo com o tempo, chegando a pesar várias dezenas de quilogramas, sendo que o maior de que se tem notícia foi encontrado na Itália e pesava pouco menos que 100 quilogramas. Acredita-se que quanto mais velho, mais denso e mais maturado é o briar e, portanto, produz os melhores cachimbos. Fala-se muito em cachimbos feitos com briar de 250 anos, mas isto é muito difícil de comprovar, já que por ser um nó o briar não desenvolve os anéis que mostram a idade de uma árvore.

Encontrar e colher esses nós de briar, chamados de "souches" ou "broussins" pelos franceses, é uma tarefa árdua e espinhosa que poucos estão dispostos a enfrentar nos dias de hoje. Primeiro porque os arbustos que dão as melhores peças crescem nas encostas rochosas acima de 500 m de altitude (frequentemente até 1000 m) e segundo porque é preciso muito conhecimento para distinguir uma planta que tenha pelo menos 25 ou 30 anos de idade, que é o tempo mínimo para gerar um "souches" do tamanho de uma bola de futebol (cerca de 3 ou 4 quilogramas) que é o tamanho mínimo economicamente aceitável.

Uma vez colhidos os "souches" começa a longa jornada até se obter o cachimbo pronto e embalado. Estima-se que dependendo do fabricante, cinquenta ou sessenta operações diferentes são executadas antes que se possa considerar o cachimbo pronto, como veremos mais adiante.

Outras madeiras

Através dos tempos muitas madeiras foram usadas na produção de cachimbos. Pelo menos é isso que a lógica nos faz pensar devido a disponibilidade da madeira e a facilidade com que a mesma pode ser trabalhada. Mas por outro lado sempre fica a dúvida: porque tão poucos exemplares de cachimbos em madeira das civilizações mais antigas foram encontrados?

Tendo em vista a abundância de madeiras em muitas partes do mundo onde o tabaco era conhecido, devemos acreditar que os indígenas e mesmo os colonos em épocas mais recentes se utilizavam da madeira disponível para esculpir seus cachimbos. Como muitas dessas madeiras tem resistência mínima à temperatura, também é possível crer que esses cachimbos acabassem após algumas dezenas de fumadas e por esta razão não chegaram até nossos dias.

Somente no século XIX é que começaram a surgir cachimbos em madeira, esculpidos de forma a imitar as formas dos cachimbos de cerâmica e de meerschaum. Com uma certa liberdade de interpretação podemos colocar os cachimbos "corn cob" no rol dos cachimbos de madeira produzidos com a intenção de substituir aqueles cachimbos.

Madeiras da Austrália, África e Brasil foram utilizadas, mas uma das madeiras mais apreciada era usada pelos camponeses da Floresta Negra na Alemanha antes do aparecimento dos cachimbos de meerschaum. Antecipando a forma de obtenção do "bruyère", esses cachimbos eram feitos com a raiz densa e nodosa do carvalho-anão.

Procurar entre as madeiras existentes uma que possa substituir o briar é uma tarefa inglória, porque não se encontra uma que tenha todas as qualidades físicas de resistência à temperatura, porosidade, trabalhabilidade e ainda a beleza dos "grains" e "bird eyes" do "briar".

Algumas madeiras, entretanto, são usadas hoje em dia com resultados variados e razoavelmente aceitáveis em alguns casos. Entre estas podemos citar:

- Imbuia: de nome científico "*Ocotea porosa*", é uma árvore encontrada em florestas de araucárias nos estados do Paraná, Santa Catarina e Rio Grande do Sul. Possui boa trabalhabilidade e boa durabilidade. Possui cor parda com veios que vão do amarelo ao marrom, com estrias pretas. É suficientemente resistente ao calor para produzir um bom cachimbo, mas de aspecto um pouco sombrio devido a sua cor escura e brilho pouco acentuado.

- Canjerana ou cajarana: árvore da região sul do Brasil que precisa de muita preparação pois exsuda uma resina de gosto amargo.

- Grevílea: árvore australiana muito alta (de 18 a 30 m de altura) chamada também de carvalho sedoso. Não é muito comum encontrar cachimbos desta madeira no Brasil.

- Olivewood: também chamada de "Italian Olivewood" tem o nome científico de *Olea europea* e cresce ao longo da costa do Mar Mediterrâneo. Possui boa trabalhabilidade, acabamento regular e boa durabilidade, sendo bastante bonita com veios escuros e textura delicada. Seu uso é muito restrito por ser muito cara e não apresentar vantagem sobre o briar.

- Caviúna, Jacarandá da Bahia ou Rosewood são os nomes de uma árvore do gênero *Dalbergia nigra* cuja madeira é densa com estrias negras, sendo muita usada em mobiliário e na produção de instrumentos musicais. Algumas árvores do gênero *Dalbergia* são muito perfumadas e quando sua madeira é destilada produz um óleo muito usado na fabricação de essências para perfumes.

Teoricamente qualquer madeira, dura e densa como a peroba, cerejeira, pau-ferro e outras, pode ser usada para a produção de cachimbos desde que devidamente preparada. Essa preparação inclui a fervura em água por 10 ou 12 horas, secagem lenta em estufa por meses a até anos, exatamente como é feito com o briar. Tudo isso para não restar resíduos de seiva e resinas na madeira, que com certeza darão um gosto amargo em muitas fumadas.

Os indígenas da tribo guarani usam o nó de pinho como a madeira para a confecção de seus cachimbos ritualísticos que eles chamam de *pitinguá*. Para os fumantes de cachimbo modernos, o nó de pinho também necessita de uma intensa preparação, pois é bem conhecido o seu uso como combustível aromático de lareiras devido às resinas que contem.

Entre as madeiras mais exóticas usadas na produção de cachimbos existe uma chamada "morta", usada apenas por alguns artesãos franceses, mais como uma curiosidade do que como uma fonte alternativa de matéria-prima.

Essa madeira, da qual não conhecemos o nome em português, é na realidade madeira semifossilizada ou semipetrificada. Tem sua origem em árvores (geralmente carvalho) que caíram em lugares pantanosos e na insuficiência de oxigênio começam a se fossilizar em vez de apodrecer, e gradualmente vão se transformando em pedra, sem, no entanto, chegar até esse ponto. Esse é um processo que começou a milhares de anos e ocorre em diferentes partes do mundo.

Essa madeira é muito difícil de ser encontrada e muito difícil de ser trabalhada pois tem tendência a trincar durante a secagem e os blocos resultantes são pequenos o que obriga a produção de cachimbos menores que os de briar.

A dificuldade de obtenção da matéria prima eleva os preços dos cachimbos de "morta" acima dos preços dos cachimbos de briar equivalentes.

Embora o fato de ser quase uma pedra nos faça pensar que um desses cachimbos possa suportar temperaturas elevadas, isto não é verdade e um desses cachimbos irá queimar exatamente como um cachimbo de briar se for fumado descuidadamente. O fornilho se aquece mais que um cachimbo de briar durante a fumada, e o sabor do tabaco, embora possa ser diferente do sabor obtido com um cachimbo de briar ou meerschaum, não empolga a ponto de fazer desse material aquele que todos desejam para seus cachimbos. Como dissemos, é uma curiosidade.

Não poderíamos deixar de mencionar, por fim, a raiz de roseira... a madeira da qual NÃO se pode fazer cachimbos.

Existe entre muitos uma crença arraigada de que se pode fazer cachimbos (nem digamos bons cachimbos) da raiz da roseira. Isto não é verdade. A raiz da roseira pode servir para muitas outras coisas, mas definitivamente não serve para fazer cachimbos. É um material pouco denso, frágil, não permitindo que seja trabalhado por meios mecânicos, como um torno, pois se desfaz, é muito úmido e quando seco pega fogo com muita facilidade.

Não possui nenhuma das qualidades necessárias para uma madeira que se destina à fabricação de cachimbos.

Outros materiais

É enorme a quantidade de materiais que já foram usados fabricação de cachimbos. Muitos por absoluta necessidade dos fabricantes na falta de outros materiais mais adequados, e entre esses podemos citar ossos de animais, dentes de leão marinho, cascas de frutas e muitos mais. Outros materiais, entretanto, foram escolhidos para dar vazão ao espírito artístico do artesão e entre estes pudemos citar o vidro e os metais.

Os cachimbos de vidro surgiram no fim do século XVIII e início do século XIX, e, como não podia deixar de ser, os centros de irradiação dessas obras de arte foram os locais onde o trabalho com vidro já havia se elevado ao patamar de arte: Murano e Veneza na Itália. Poucos práticos para se fumar devido a sua fragilidade e ao aquecimento exagerado do fornilho, esses cachimbos apresentavam ainda o inconveniente de não poderem ter a haste da piteira muito longa devido à fragilidade do vidro, já mencionada. A imensa maioria das poucas peças desses cachimbos que chegaram até nossos dias, sempre foram peças de coleção. Nunca foram considerados uma opção viável para se fumar.

Já com os metais a história é bem diferente e bem mais rica. A origem desses cachimbos parece ter sido a Ásia, onde no início do século XIX, japoneses e coreanos já usavam cachimbos com piteira de bambu e fornilho de bronze, num formato que lembrava muito os diminutos cachimbos de ópio chineses que possuíam fornilhos bem pequenos. Quando esses cachimbos com piteira de bambu eram copiados em regiões mais para o interior da Ásia, onde o bambu não estava disponível, as piteiras eram feitas de metal e assim tínhamos um cachimbo todo de metal.

Um formato de cachimbo de metal que se tornou popular no mundo todo, tinha o fornilho em formato cônico, porque era o formato mais fácil de ser fundido. Outra característica interessante é que muitos deles tinham uma pequena "viga" que ligava o fornilho ao cabo, como que para dar maior rigidez ao conjunto.

Uma das vantagens dos cachimbos de metal era a sua durabilidade, mas a sua grande desvantagem era que o fornilho se aquecia demasiadamente, o que torna difícil entender como poderia ser fumado.

Na Europa começaram alguns anos mais tarde a produzir cachimbos com fornilhos de prata com piteira de madeira e para diminuir a temperatura do fornilho, o mesmo era provido de uma tampa perfurada de metal, que diminuía a velocidade de combustão do tabaco durante a fumada, tornando-a menos quente.

Assim como os cachimbos de vidro, no entanto, os cachimbos de metal nos dias de hoje são peças de museu.

Materiais do futuro

Com o desenvolvimento da tecnologia na produção de novos materiais, era só uma questão de tempo até que a mesma passasse a ser aplicada na produção de cachimbos.

Dois materiais compostos estão sendo usados e que num futuro próximo poderão representar uma alternativa viável para a fabricação de cachimbos.

O primeiro desses materiais, e que já está sendo usado por alguns fabricantes, chama-se "brylon" e é um material composto de briar e nylon. Os cachimbos feitos com esse composto são prensados, usinados e polidos. Até agora os modelos oferecidos são os modelos clássicos em formatos "billiard", "pot" ou semelhantes.

O outro material que está sendo usado na fabricação de cachimbos é o carbono de pirólise, que é o produto obtido pela queima de alguns hidrocarbonetos sob condições controladas, a temperatura acima de 2000 º C, resultando em um produto de carbono quase puro. O processo de moldagem é o de fibras de carbono utilizado na produção de peças de alta resistência na indústria automobilística e aeroespacial.

Os cachimbos produzidos com este material são muito resistentes a temperaturas elevadas, sendo muito adequados para fumantes mais apressados e descuidados pois dificilmente terão o fornilho queimado.

Embora o produto original seja de cor escura, o mesmo pode ser facilmente colorido e até decorado, embora sejam feitos nos modelos clássicos.

Cachimbos especiais

Alguns objetos usados através dos tempos para fumar, dificilmente podem ser chamados de cachimbos se os compararmos com os objetos que hoje conhecemos como tal e outros, embora parecidos com os atuais, eram fumados em um contexto completamente diferente, muito mais amplo que o puro misticismo ou puro prazer pessoal.

O calumet ou o cachimbo da paz dos índios das planícies norte-americanas e o narguilé dos povos árabes são dois desses objetos, sendo o pitinguá dos índios brasileiros o terceiro deles.

Calumet

É o cachimbo usado pelos índios das planícies da região sudeste dos Estados Unidos e chamado de "chanupa" pela tribo do Lakotas, termo esse que significa canudo.

O termo "calumet" é de origem francesa e, também, significa canudo, tendo sido atribuído pelos primeiros exploradores do território norte-americano. O termo "cachimbo da paz" originou-se também com esses primeiros exploradores que observaram o seu uso durante as negociações de paz com as diferentes tribos.

Seja qual for a denominação, esses cachimbos eram objeto de enorme veneração e cuidado, usados sempre de forma ritualística em cerimônias carregadas de simbolismos e como um meio de ligação direta entre o xamã e os espíritos.

No plano terreno o ato de fumar tinha o poder de um juramento e era usado para selar compromissos e tratados de paz, obrigando todos os que participassem da cerimônia a honrar esse compromisso sob pena de cair em desgraça e desonra. Nesse mesmo contexto o "calumet" funcionava como um salvo-conduto para quem estivesse de posse do mesmo, salvo-conduto esse que deveria ser honrado por todos as tribos aliadas daquela que o concedeu.

A cerimônia de uso do "calumet" era muito elaborada e organizada em ocasiões especiais e pode ser assim resumida: os membros do conselho de chefes das tribos, uma vez convocados para a cerimônia, tomavam seu lugar sentando-se em círculo. O cachimbo cerimonial era colocado em frente ao chefe principal pelo guerreiro responsável pela guarda do cachimbo. No momento adequado, por ordem do chefe da tribo, um outro guerreiro, responsável por encher e acender o cachimbo dava início ao ritual usando os tabacos nativos e entoando em voz baixa as canções rituais desse momento. Alguns estudiosos, descrevem o uso de dois cachimbos simultaneamente, sendo cada um colocado em frente a um dos chefes principais, sentados em lados opostos do círculo (norte e sul) que os recebiam acesos e depois de oferecer o cachimbo aos quatro pontos cardeais e à Terra, davam a primeira fumada e depois o passavam ao chefe a sua esquerda e assim sucessivamente até completar o círculo. A passagem do cachimbo de um chefe a outro era feita pelos responsáveis pela guarda e enchimento do cachimbo e a cerimônia toda era realizada em um ambiente de extrema gravidade e absoluto silêncio.

Materiais e construção

Existem diversos materiais que foram usados na confecção dos fornilhos dos "calumet", desde argila, passando por madeira e até metal, este último material provavelmente, por influência européia.

O tipo mais comum era feito de argila e foi descrito pela primeira vez em 1678 pelos franceses que exploraram o vale do rio Mississipi. Muitos anos mais tarde, nas primeiras décadas do século XIX, um viajante e pintor de nome George Catlin, descreveu em detalhes a construção, os materiais e a origem desses cachimbos, a tal ponto que um dos tipos de rocha avermelhada usada na fabricação do cachimbo passou a ser chamada de "catlinita".

Segundo a tradição oral dessas tribos a "descoberta" desse material aconteceu em tempos pré-históricos, quando "Wanka Tanka" (Grande Espírito) chamou todas as nações indígenas ao local onde havia essa rocha e com suas mãos moldou um cachimbo que fumou para os quatro pontos cardeais e para a terra e lhes disse que aquela era a rocha sagrada que deveria ser usada para o cachimbo da paz e que pertencia a todos eles e que as armas eram proibidas naquele local. Então ele desapareceu numa nuvem de fumaça do cachimbo.

Durante muitos anos essa tradição foi seguida, e tribos inimigas mineravam a rocha lado a lado, com as armas deixadas do lado de fora do solo sagrado. Com a chegada dos europeus a tradição foi sendo esquecida e por volta de 1835, o acesso a área de "pipestone", como era chamado o local, estava nas mãos da tribo Dakota que não permitia que outras tribos ali entrassem para extrair o material para seus cachimbos. Anos depois o governo dos Estados Unidos firmou um acordo com a tribo Sioux Yankton dando-lhes exclusividade na exploração do local.

Outra lenda para explicar o surgimento do cachimbo diz que o primeiro deles foi apresentado aos chefes da nação Lakota pela Mulher-Novilho Búfalo Branco que lhes ensinou a fumar o cachimbo, a construí-lo e, também, todas as cerimônias onde o mesmo deveria ser usado.

Os cachimbos eram feitos em formatos mais ou menos padronizados, sendo que a grande diferença era na piteira, simples e quase sem ornamentação nos cachimbos de guerra e profusamente decorada nos cachimbos da paz, com penas e motivos que identificavam cada tribo e serviam como uma espécie de "assinatura" no caso de uso como o salvo-conduto, já mencionado.

A posse de um cachimbo era um sinal de honra e prestígio, razão pela qual é muito comum encontrar fotografias de caciques de renome nas quais os mesmos mostram orgulhosamente seus cachimbos profusamente ornamentados.

Apesar da importância do cachimbo na vida e na cultura dos nativos norte-americanos, o instrumento que é mais facilmente associado com os mesmos é aquele que ficou conhecido como "tomahawk" ou erroneamente chamado de "machadinha de guerra".

O "tomahawk" era um instrumento parecido com uma machadinha, originalmente feito de pedra e que tinha enorme serventia no uso diário da tribo, sendo eventualmente usado como arma de guerra. Presentear outras pessoas com um "tomahawk" era um sinal de amizade e até mesmo de confirmação de acordos.

Em seu contato com os nativos, os europeus prontamente se adaptaram ao uso desse instrumento que não lhes era de todo desconhecido pois a marinha inglesa tinha em seu arsenal um tipo de machado semelhante usado para abordagem de navios em alto-mar. Cedo os europeus perceberam que o "tomahawk" poderia ser um excelente objeto de troca com os nativos e começaram fabricá-lo em metal.

A parte oposta à lâmina podia ser adaptada para inúmeros fins, como um ponteiro para perfurar, uma espécie de martelo ou engenhosamente, um fornilho de cachimbo.

Para esta finalidade, o cabo do "tomahawk", medindo quase 60 cm de comprimento e de madeira dura, era perfurado no sentido do comprimento.

Espanhóis, franceses e ingleses eram os grandes fornecedores desses "tomahawks" para os indígenas, cada qual fabricando-os com uma característica própria.

Narguilé

O nome narguilé tem origem no sânscrito nãrikela, do persa narghilé que por sua vez vem do farsi (persa antigo) nãrgil, que significa coco.

O hábito de fumar aspirando a fumaça através da água para resfriar e limpar, não encontra paralelo em nenhuma região das Américas, sendo típico da África e Oriente Médio e provavelmente teve início com o uso de outras ervas que não o tabaco.

Pela etimologia do nome, com seu significado de coco, pode-se supor que inicialmente a fumaça das ervas era inalada pela sucção feita em um furo no coco, ao qual haviam fixado um tubo que atingia abaixo da superfície da água e no qual se queimavam essas ervas e mais tarde o tabaco. Para manter o rosto longe da brasa, um tubo pode ter sido introduzido no furo para aspiração da fumaça. Toda essa evolução parece ter tido início na Índia, embora na África os portugueses já tivessem visto na região onde é hoje a

163

África do Sul, nativos fumando um precursor do narguilé que foi bem descrito pelos holandeses que chegaram a região em 1650.

Também é provável que árabes mercadores de escravos tenham visto esses cachimbos de água e levado os mesmo para o Oriente, onde foram aperfeiçoados. De qualquer modo, da África ou da Índia ele se espalhou por todo o Oriente desde o Egito até a Turquia. Com nomes tão diferentes como hooka, shisha, argeele, arghileh, okka e kalyan ou ghalyan, esse "cachimbo" tornou-se o símbolo de uma região. Com pequenas variações, o narguilé pode ser descrito como sendo constituído de quatro partes. A nomenclatura dessas partes é que pode variar de região para região.

- Base ou vaso ou ainda câmara de fumaça, é a parte inferior do narguilé que é parcialmente enchida com água. Pode ser feita de vidro ou porcelana e mais raramente de metal. Nos modelos mais elaborados esta parte é profusamente decorada.

- Tubo ou corpo que conecta a base com o copo ou topo que contém o tabaco, através de um tubo que penetra abaixo da superfície da água.

- Copo ou topo, fixado acima do corpo é a peça que contém o tabaco e sobre o qual se coloca o carvão aceso, para a queima do tabaco.

- Mangueira, que pode ser conectada a um segundo tubo na base, tubo este que não penetra na água, mas apenas no espaço vazio acima desta, ou então pode ser conectada diretamente no vaso. Na ponta da mangueira é afixada a piteira que originalmente era feita de osso ou âmbar e nos dias de hoje é feita de plástico.

Uma vez que o narguilé esteja montado, o tabaco é colocado no copo e recoberto com uma folha de papel alumínio perfurado, sobre a qual é colocado o carvão aceso. Quando um fumante aspira através da mangueira, diminui a pressão no espaço acima da água e succiona ar que passa pelo carvão aquecendo o tabaco que libera a fumaça aromatizada própria dos narguilés. Esta fumaça borbulha na água e é aspirada pelo fumante através da mangueira. Ao passar pela água a fumaça perde parte do alcatrão e partículas sólidas além de ficar bem mais fria.

Existem modelos de narguilés com duas ou três mangueiras que podem ser fumadas ao mesmo tempo. Este arranjo pode dificultar o uso pois pode reduzir a sucção e dificultar a aspiração da fumaça. Modelos mais avançados tecnologicamente incorporam uma válvula de retenção em cada mangueira, vedando a mesma quando não está sendo usada. Os mais simples requerem que cada fumante tape o buraco da sua piteira quando não estiver usando.

Usos e costumes

Todas as evidências indicam que o narguilé surgiu no Oriente antes da chegada do tabaco, o que mostra que originalmente não era usado para consumo de tabaco, o que só veio a ocorrer após o início do século XVII, provavelmente por árabes mercadores de escravos que o conheceram através dos portugueses.

Antes do tabaco o narguilé era mais comumente usado com hashish, que é uma planta entorpecente mas também designa um conjunto de folhas secas. A mistura de ópio com o tabaco somente surgiu depois de 1800 e deu origem a inúmeros problemas, principalmente na China, onde o narguilé foi diminuído e feito inteiramente de metal, o que o tornava mais "portátil" e mais fácil de ser usado. Hoje em dia esse uso está quase totalmente extinto.

O uso do narguilé se tornou um evento social no Oriente Médio e hoje ainda pode ser encontrado em cafés e bares, muitas vezes dedicados a oferecer aos seus clientes apenas o narguilé e bebidas não alcoólica ou então apenas café e chá.

O tabaco usado no narguilé é próprio para isso e um fumante de cachimbo não deve nem pensar em usar esses tabacos no seu briar, principalmente o "muessel".

Os tipos de tabaco para uso em narguilé são basicamente três:

- Tumbak ou tombak: é um tabaco escuro não cortado e não lavado. É usado pelos fumantes mais tradicionalistas pois necessita ser preparado antes de ser fumado.

- Muessel ou tabamel: é um tabaco muito adocicado e muitas vezes adicionado de aromas diversos. O adocicado é devido ao uso de melado de cana de açúcar ou então mel, o que torna o produto em uma massa pegajosa que mais que qualquer outra deve ser evitada pelos fumantes de cachimbo, seja ele de cerâmica, briar ou meerschaum.

- Jurak: é um tabaco originário da Índia, mais seco que os anteriores e com aroma e sabores mais naturais.

Muitos consideram a shisha um tipo diferente de tabaco, mas a mesma é um tabaco semelhante ao muessel, adocicado e aromatizado.

O uso do narguilé ou hooka deu origem a inúmeras regras que eram seguidas quase que religiosamente pelos frequentadores dos bares de narguilé. Os garçons dos bares que serviam o narguilé eram tratados como os grandes "chefs" de cozinha, pela sua habilidade na preparação do narguilé. Tocar o carvão aceso era considerado rude e terminantemente proibido acender um cigarro no carvão do narguilé; isso poderia prejudicar o ritmo de queima do carvão.

Se houver várias pessoas usando o mesmo narguilé, a mangueira não deve ser passada para outra pessoa e sim deixada sobre a mesa para ser apanhada por outra pessoa que assim o desejar. Se a mangueira for passada para outra pessoa, a mesma deve ser dobrada de tal modo que a piteira não aponte para a pessoa que está recebendo.

Os menos tradicionalistas costumam ter piteiras descartáveis quando dividem o narguilé com outras pessoas e nos bares da Turquia, costuma-se fornecer aos clientes uma embalagem plástica fechada, com uma piteira sanitizada para uso pessoal.

Pitinguá

Os pitinguás ou petinguás são os cachimbos sagrados dos indígenas brasileiros, usados em inúmeros rituais pelas mais diversas tribos. Quando comparados aos cachimbos de argila encontrados no norte do Brasil e já referidos aqui, mostram flagrante influência européia tanto no aspecto quanto no material, o que leva a crer que começaram a ser fabricados após o descobrimento do Brasil. Pelo menos hoje em dia são produzidos com o nó de pinho que é a parte mais dura da árvore, mas na falta deste outras madeiras podem ser usadas. Possuem "piteiras" retas de madeira extraídas de galhos ocos de árvores e encaixadas quase diretamente no fornilho.

São bastante raras em nossa literatura informações sobre esses cachimbos, podendo-se encontrar referências em trabalhos publicados por antropólogos e em dissertações de mestrado e teses de doutorado em nossas universidades.

Formatos

Antes de chegarmos ao ponto no qual você terá que tomar a importante decisão sobre qual cachimbo escolher para seu uso, há algumas informações que devem ser observadas para que a escolha seja a melhor possível, ou seja, a que mais agradar a você, o principal interessado.

A primeira coisa a saber, é que todos os cachimbos, sejam eles feitos em série, sejam feitos a mão por renomados mestres, quer custem alguns reais ou muitas centenas de reais, estão disponíveis em duas e tão somente duas configurações: retos e curvos. Sim mesmo os "freee hands" feitos a mão.

Estes termos, retos e curvos, se referem ao arranjo entre o cabo, a piteira e o corpo ou fornilho do cachimbo, não se referem ao formato do corpo.

Nos cachimbos retos, o cabo e a piteira estão alinhados e formam um ângulo reto com o corpo do cachimbo. Esses cachimbos podem ter o conjunto cabo-piteira nos mais variados comprimentos, desde os mais curtos até os mais longos.

Nos cachimbos curvos, o cabo e a piteira formam um ângulo com o corpo do cachimbo, ângulo esse que vai desde pouco menos que noventa graus nos cachimbos menos curvos até muito menos que 45 graus nos cachimbos mais curvos. O conjunto cabo-piteira por sua vez vai adquirindo o formato de um "S" cada vez mais pronunciado quanto mais curvo é o cachimbo.

Além deste ponto a descrição dos formatos de cachimbos se torna confusa, pois há uma enorme variedade de nomes de formatos cuja descrição pode incluir o formato do corpo e o formato do cabo do cachimbo associado ao formato do corpo, além de alguns nomes próprios dados pelos fabricantes, totalizando mais de 40 formatos

Se não bastasse isso tudo, há alguns formatos de cachimbo cujo nome está mais associado ao conjunto cabo-piteira que ao formato do corpo do cachimbo. Nas páginas seguintes vamos tentar descrever os formatos típicos de cachimbos retos, os formatos típicos de cachimbos curvos e os formatos básicos de fornilho ou corpo, que tanto são encontrados em cachimbos retos como em cachimbos curvos. A descrição e atribuição de nomes que fazemos a seguir são muito usadas, mas não são unânimes e, portanto, vez ou outras podem ser encontrados cachimbos com formatos cujo nome pode não estar de acordo com o apresentado.

Cachimbos retos

Os cachimbos retos podem ser considerados os mais clássicos e os mais tradicionais e menos ousado na sua forma. Dificilmente se encontra um cachimbo reto cuja aparência chama a atenção pelo inusitado. Do ponto de vista da praticidade os cachimbos retos se prestam mais aos fumantes que precisem ou gostem de segurar o cachimbo na mão e não mantê-lo seguro na boca, preso pelos dentes. Isto porque a força que deve ser exercida pela mandíbula para manter o cachimbo seguro, é muito maior devido ao efeito "alavanca" exercido pelo formato reto.

Existem quatro formatos que só se encontram em cachimbos retos e cujo nome não está ligado ao formato do corpo. São eles:

Canadian (canadense): cachimbo reto com cabo de seção oval muito mais longo que a piteira, a qual normalmente afina em direção à boquilha. As piteiras têm cerca de 3 cm de comprimento e às vezes menos. Para se fabricar um cachimbo "canadian" é necessário um bloco de briar que possa acomodar o corpo e o longo cabo, o que não é muito fácil de se encontrar. O fornilho desses cachimbos pode ter vários formatos, mas os mais comuns são em formato 'billiard", "apple" ou "pot".

Lumberman: em todos os aspectos é um cachimbo "canadian" exceto pela piteira que é de formato sela ou degrau.

Liverpool: cachimbo muito parecido com um "canadian" exceto pelo cabo quer tem a seção circular.

Lovat: em todos os aspectos é um cachimbo "Liverpool" exceto pela piteira que é de formato sela ou degrau.

Cachimbos curvos

Os cachimbos curvos podem ser considerados menos clássicos que os retos e permitem maior liberdade e ousadia na concepção dos formatos. Cada cachimbo curvo tem uma aparência distinta e única, muitas vezes chamando a atenção pelo formato inusitado, como o "caracol" do artesão dinamarquês Bo Nordth.

Os cachimbos curvos são adequados para pessoas que tem as mãos ocupadas enquanto fumam e são mais fáceis de se manter na boca seguro pelos dentes por terem o centro de gravidade mais baixo e não exercerem tão acentuadamente a força do efeito "alavanca" dos cachimbos retos.

Também os cachimbos curvos possuem alguns formatos que só podem ser encontrados nesta configuração. São eles:

Oom Paul (ou húngaro): cachimbo muito curvo cujo cabo é quase paralelo ao fornilho e cuja piteira toma um formato em "S" muito acentuado. O nome Oom Paul foi dado em homenagem ao primeiro presidente da África do Sul, Stephanus Johannes Paulus Kruger, que era conhecido como Oom Paul na língua Africâner (ou Tio Paulo em Português). Este cachimbo pode ser encontrado com o fornilho nos formatos "billiard", "egg" ou "pot". Muitas vezes estes cachimbos são chamados de "Full bent billiard" ou "billiard" totalmente curvo.

Calabash: os cachimbos feitos em briar não são realmente os "gourd calabash" como foi descrito na parte que trata dos materiais para a fabricação de cachimbos, mas devido à semelhança com aqueles recebem este nome apesar de serem um pouco menor.

Churchwarden: cachimbos cujo formato é derivado dos antigos cachimbos ingleses de argila (que eram chamados de "yard of clay"), possuem uma piteira muito longa (acima de 20 ou 25 cm) e um cabo curto (quase sempre de seção circular) acoplados a um corpo que tanto pode ser em formato "billiard", "dublin" ou "apple". A piteira longa resfria a fumaça, mas é muito inconveniente para ser limpa, necessitando de adaptações engenhosas para poder passar uma escovinha de limpeza pelo seu duto de ar. A origem do nome deste formato possui inúmeras versões.

No nosso entender estes são os nomes dos formatos que estão associados à configuração geral do cachimbo, sendo que as descrições dos formatos a seguir, tanto podem servir para um cachimbo reto como para um cachimbo curvo.

A diferença entre um formato e outro é muitas vezes bastante subjetiva, variando, por exemplo, conforme o ângulo entre o fornilho e o cabo, o que, convenhamos, pode dar margem a várias opiniões, já que não há um valor estabelecido,

Formatos do corpo

Os nomes dos formatos do corpo ou fornilho do cachimbo, quase sempre conservam sua origem inglesa, mas quando possível colocamos a tradução.

Apple (maçã): cachimbo elegante com fornilho em formato arredondado levemente achatado no topo, lembrando uma maçã, como o nome indica. Normalmente o cabo destes cachimbos tem seção circular.

Billiard: formato de fornilho mais clássico e tradicional de todos. É um formato cilíndrico com paredes paralelas tanto no interior do fornilho como no exterior, terminando no exterior em uma base arredondada. Os cachimbos assim chamados quase sempre têm o comprimento do cabo representando metade do comprimento do cachimbo. O cabo na maioria das vezes é de seção circular terminando em uma piteira que vai afinando até a boquilha, mas pode ser oval ou quadrado.

Bulldog: formato que segundo alguns pode ser curvo ou reto e para outros apenas reto, mas em ambos os casos desde que o cabo tenha um perfil em forma de diamante. O fornilho é levemente arredondado e pode ser facilmente reconhecido por possuir uma ou duas ranhuras ao redor, quase no topo do corpo. A piteira pode ser afilada ou em sela. Existe uma divergência entre os fumantes no que se refere a diferenciação entre um "bulldog" e um "rhodesian".

Cherrywood: muitas vezes também chamado de "poker". Possui um fornilho cilíndrico e de base reta, com o cabo de seção circular, normalmente em ângulo com o corpo. Piteira longa e levemente curva, o que, segundo alguns, o diferencia do "poker" que tem a piteira reta. Quando bem balanceado pode se manter apoiado na base.

Dublin: corpo levemente cônico e inclinado, podendo ser curvo ou reto. Piteiras afiladas ou em sela. Cachimbos muito elegantes, na mesma linha dos "billiards".

Egg (ovo): cachimbos curvos ou retos com cabo de qualquer formato e piteira idem.

Horn (chifre): cachimbo que lembra o formato do chifre de um touro ou um cone inclinado. Não tem uma separação muito clara entre o corpo e o cabo, que termina em uma piteira afilada.

Pearl (pêra): fornilho em formato de pêra, sendo que o cachimbo pode ser reto ou curvo. Às vezes é chamado de "acorn" ou bolota.

Poker: é a versão reta do formato "cherrywood". Diz-se que este formato foi inventado pelos jogadores de cartas para poderem deixar o cachimbo apoiado sobre a mesa.

Pot (pote): o formato do corpo é cilíndrico, sendo o diâmetro quase igual a altura, o que o torna um "billiard' achatado. Pode ser reto ou curvo e é usado para se fazer cachimbos de fornilho maior com maior capacidade.

Prince (príncipe): o formato do corpo é de um "apple" com a base achatada. O cabo é mais ou menos curto e a piteira é longa e afilada, normalmente é reto, mas pode ter uma leve curvatura. Alguns o chamam de "Príncipe de Gales" por ter sido feito, segundo se diz, para o Príncipe Albert da Inglaterra, que veio a ser coroado rei como Eduardo VII.

Rhodesian: outro nome que suscita divergências. É similar a um "bulldog" mas um pouco mais achatado e com o cabo de seção circular, em vez do formato em diamante. Pode ser reto ou curvo, mas alguns dizem que só pode ser chamado de "rhodesian" se for curvo.

Woodstock: cachimbo com o fornilho em formato "Dublin" mas bem inclinado para a frente. O cachimbo normalmente é reto ou levemente curvo e o cabo é de seção oval. Alguns o chamam de Zulu, mas para outros o Zulu é diferente por apresentar o corpo mais inclinado. Quanto mais inclinado é que é a questão.

No total descrevemos acima 21 ou 22 formatos de cachimbo, mas o leitor pode facilmente encontrar outros tantos nomes como "arrow", "author", "brandyglass", "bullmoose" "chimney", "chubby", "Crosby" (em homenagem ao cantor Bing Crosby), "four square", "panel" e muitos outros que aparecerão na vida dos fumantes de cachimbo.

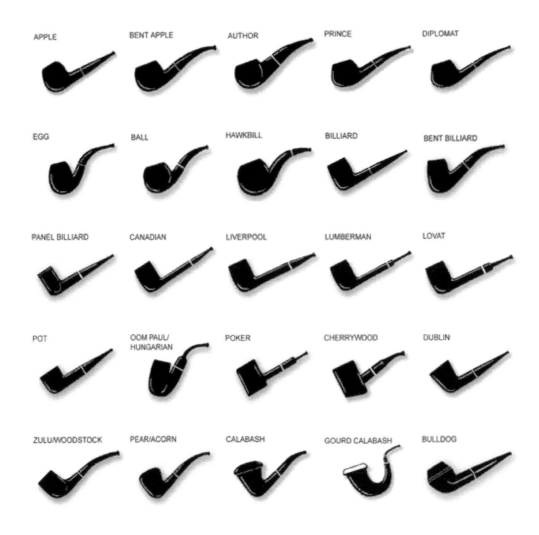

Free hands

Free hands ou a mão livre é o nome que se dá aos cachimbos produzidos manualmente, um a um, por mestres artesões que se utilizam de ferramentas manuais em muitas das operações de fabricação.

É quase impossível, se não de todo impossível, encontrar dois cachimbos "free hands" iguais. O formato desses cachimbos é limitado apenas pela imaginação e talento do escultor, podendo apresentar formas inusitadas como os da linha caracol do dinamarquês Bo Nordth. Além do formato, a escolha do briar e o acabamento que exaltam as características mais espetaculares da madeira, contribuem para a beleza desses cachimbos.

Normalmente são cotados em valores de várias centenas de dólares, não sendo raro os que chegam aos milhares de dólares.

Partes do cachimbo

Com exceção dos cachimbos de argila, vidro e alguns de metais, a imensa maioria dos cachimbos é composta de algumas partes padronizadas. Descrever essas partes pode parecer redundância já que as mesmas são comuns e razoavelmente simples no aspecto e função.

Os cachimbos são compostos de um corpo (A) e de uma piteira (B). O corpo é a parte do cachimbo que é esculpida e na qual se encaixa a piteira, podendo ser dividido (mas não separado) em duas partes: a cabeça (A1) e o cabo (A2). A cabeça é onde é furado o fornilho (A3) e que dá nome ao formato do cachimbo, ao passo que o cabo é a extensão da cabeça do cachimbo por onde passa o duto de ar do cabo (A4) que é a parte que leva a fumaça do fornilho até a boquilha da piteira.

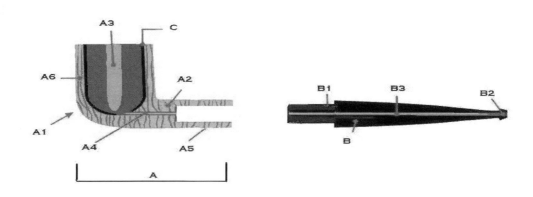

Fornilho

Como mencionamos na descrição do processo de fabricação de um cachimbo, a furação do fornilho é uma das etapas críticas e delicadas do processo.

175

Em primeiro lugar o tamanho do furo (ou do fornilho, se preferirem), tanto no que diz respeito ao seu diâmetro quanto ao que diz respeito à sua profundidade, tem que estar completamente adequando ao tamanho do "ebauchon" que está sendo usado sob pena de ter as paredes do fornilho (A6) muito finas (frágeis e esquentando em demasia) ou muito espessas (não esquentando mas esteticamente inapropriadas). Quanto mais grossas puderem ser as paredes do fornilho, melhor será, mas o limite é ditado pelo aspecto e pelo peso do cachimbo. A maioria dos cachimbos possui o fornilho com um diâmetro que varia de 1,7 cm até 2,7 cm e uma profundidade de 3 a 6 cm. Obviamente existem cachimbos com medidas menores e outros com medidas maiores, mas não são comuns.

As paredes do fornilho podem ter de 2 a 5 mm de espessura, mas qualquer que seja esta, a parte interna deve ser lisa, sem sinais de broca ou fresa, o que poderia causar problemas durante a combustão, além de influir na formação da crosta de carbono (C) que deve ser formada durante o amaciamento do cachimbo, como veremos mais adiante.

Normalmente as paredes do fornilho são paralelas desde a borda até o inicio da curvatura do fundo, embora alguns apresentem uma pequena conicidade, a partir de um ponto um pouco antes do início dessa curvatura. Isso é um detalhe construtivo que tem seus defensores, os quais alegam que essa conicidade ajuda na combustão do tabaco até o fim, além de facilitar a limpeza. No que todos concordam entretanto é que o fundo do fornilho tem que ser arredondado sem ângulos agudos entre o fundo e a as paredes, para evitar o acúmulo de resíduos e para facilitar a limpeza.

Cabo

Atrevo-me a dizer que o cabo do cachimbo tem uma importância fundamental na qualidade da fumada, mas isso não é sempre reconhecido e muitas vezes negligenciado.

Sendo um prolongamento da cabeça, o cabo faz parte da definição do formato do cachimbo, podendo ser reto ou curvo, ou melhor dizendo, angulado para formar os cachimbos curvos. Pode ser curto ou longo (como nos cachimbos Canadian), sendo que muitos os preferem assim longos por minimizar o tamanho da piteira, contribuindo com as boas qualidades do briar para melhor aproveitamento do aroma e sabor do tabaco, por absorver calor e umidade.

O duto de ar (A4) deve ser bem centralizado no cabo e estar em perfeito alinhamento com o duto de ar da piteira e o furo de saída bem nivelado com o fundo do fornilho, conforme a figura acima. Um cabo com o furo de saída do duto de ar, mais alto que o fundo do fornilho é péssimo, pois o tabaco abaixo do furo não queimará e essa parte inferior do fornilho não terá a crosta de carbono, o que poderá ocasionar tensões desiguais na parede do fornilho e trincá-la.

Fornilho com o furo do duto de ar muito alto

Alguns cachimbos, ao contrário, tem o duto de ar do cabo bem nivelado, mas muito baixo, com o furo de saída bem no centro do fundo do fornilho, o que pode causar entupimentos e dificuldade na limpeza pois o escovilhão dificilmente passará pelo furo fazendo uma curva.

Na extremidade do cabo, do lado da piteira, há uma expansão do duto do cabo a que chamamos de encaixe da piteira (A5). Dependendo de como esse encaixe é feito, o mesmo pode formar uma câmara de condensação entre o fim do duto do cabo e o início da piteira (se a espiga (B1) for mais curta que o espaço do encaixe) ou então se a espiga for mais longa, haverá uma folga entre o cabo e a piteira. No caos de se formar essa câmara de condensação, a mesma permitirá uma expansão da mistura úmida de ar e

177

fumaça, com o consequente resfriamento da mistura (o que é bom) e condensação da umidade que tende a ser succionada pela piteira (o que é péssimo). Alguns fabricantes deixam essa câmara de condensação, mas no menor tamanho que permita o resfriamento da fumaça, sem acúmulo de umidade.

O encaixe da espiga além disso é a parte mais frágil do cabo devido ao afinamento da parede. Para evitar surpresas desagradáveis, muitos fabricantes reforçam essa parte com um anel metálico (de prata e mesmo ouro) que além do reforço conferem um toque de classe ao cachimbo.

Há diferentes formatos da seção do cabo que não interferem no seu desempenho, sendo apenas um aspecto estético. Sob esse aspecto os cabos podem ter seção circular, quadrada, oval, hexagonal, em forma de losango ou qualquer outro formato que o talento do artesão possa imaginar.

Um assunto que vem sendo objeto de discussão entre os fumantes de cachimbo é o que se refere ao fluxo de ar através do cabo com um mínimo de velocidade e de depressão na piteira. Os que defendem essas condições, consideradas ideais por eles, sugerem que o duto de ar, desde o fornilho até a boquilha da piteira, deve ter um mínimo de 4 mm ou uma área seccional equivalente. Imaginar um duto de ar do cabo com esse diâmetro ou 12,6 mm quadrados de área, é uma coisa, mas imaginar uma boquilha da piteira (B3) com essa medida é muito diferente, pois a boquilha teria que ter uma abertura de no mínimo 2 mm de altura o que a tornaria muito grossa.

Este assunto é tão controverso que alguns artesãos de renome recusam pedidos de cachimbos com essas especificações. Tampouco as fabricas de cachimbo produzem peças com essas medidas. Uma das razões alegadas é que tanto as paredes do cabo quanto as paredes da piteira (principalmente desta) ficariam tão finas que poderiam quebrar ou furar com uma mordida um pouco mais forte, além da espessura da boquilha que seria muito desconfortável.

Piteira

Não importa quanto talento tenha sido usado para esculpir o melhor briar disponível se a piteira não tiver qualidade equivalente. Peça final do aspecto e balanço do cachimbo, as piteiras são encontradas em diversos formatos dentro dos seus dois tipos básicos:

- a piteira afilada, característica dos cachimbos "billiard";
- a piteira em sela, característica dos cachimbos "lovat".

A piteira afilada é aquela cuja espessura diminui do encaixe do cabo (A5) até a boquilha (B3), ao passo que a piteira em sela diminui abruptamente logo após o encaixe e a partir daí continua com espessura constante até a boquilha. Existem aquelas que são afiladas de um lado e em sela do outro e outras em que a diminuição da espessura se dá em pontos distintos do comprimento da piteira, ou seja, depende da imaginação do fabricante.

Alguns fumantes consideram que a piteira em sela e de pequeno comprimento é um tipo exclusivo dos cachimbos "lovat" e como tal devem ser denominadas, ao passo que as piteiras em sela de maior comprimento seriam chamadas genericamente de piteiras de formato em sela. Eu prefiro simplificar um pouco e chamar as duas de piteiras em sela, sendo uma curta e outra mais longa.

Se examinarmos uma piteira, veremos que o encaixe no cabo do cachimbo é feito por meio de uma espiga cilíndrica (B1) com lados bem paralelos para uma perfeita adaptação ao encaixe da piteira no cabo (A5). O ajuste da espiga com o cabo deve ser suficientemente preciso para evitar vazamentos, mas não tão apertado que cause dificuldade para desmontar o cachimbo para limpeza.

Algumas piteiras têm a espiga cônica, que se ajusta a um encaixe também cônico no cabo, o que facilita a colocação e a retirada e evita quebra na espiga ou no encaixe em caso de quedas, pois se isso acontecer, a tendência das duas peças é se separarem devido a conicidade. Este tipo de ajuste é chamado de "army mount" em inglês e "floc" em francês. Diz-se que o termo em inglês deriva do fato de que esse encaixe foi inventado para os

179

cachimbos enviados aos soldados que não podiam se preocupar muito com o manuseio do cachimbo.

Outro tipo de encaixe, encontrado em cachimbos mais baratos, é o encaixe rosqueado, onde um adaptador com uma rosca "macho" é colocado na piteira e um adaptador com rosca "fêmea" é colocado no cabo. Nossa experiência com esse tipo de encaixe indica que o mesmo é propenso a vazamento, principalmente de líquidos que se condensam no metal mais frio do encaixe. Alguns fabricantes aproveitam esse encaixe metálico para colocar condensadores, o que só piora a situação, por aumentar a condensação no local. Outros colocam filtros, o que não melhora em nada a situação.

O duto de ar da piteira (B2) segue em um diâmetro constante desde a espiga até alguns milímetros antes da boquilha, onde termina, alargando-se a partir daí até o rasgo externo da boquilha, formando uma pequena câmara de expansão que resfria um pouco a fumaça no seu estágio final. Alguns poucos fabricantes, entretanto, levam o duto cilíndrico até o fim da boquilha, principalmente nas piteiras feitas de acrílico. A boquilha em si tem o formato de um degrau que ajuda na "mordida" para a sustentação do cachimbo.

A variação mais interessante neste arranjo foi introduzida pela fábrica de cachimbos Peterson, da Irlanda, que projetou uma boquilha em que a saída do duto de ar é direcionada para cima, levando a fumaça para o céu da boca e não diretamente para a língua. O sistema patenteado por eles, foi batizado com o nome de "P-lip".

Além desse formato há outros em que a parte final da piteira se alarga, produzindo uma boquilha no formato que chamam de "rabo de peixe" (fish-tail). Também há piteiras com o duto de ar duplo, o que segundo dizem dá uma fumada mais fria, e outras projetadas especialmente para fumantes que usem dentaduras. Estas últimas são raras e eu pessoalmente nunca vi uma piteira assim.

Materiais

Também as piteiras são objeto de experimentação na busca do material ideal para a sua fabricação. Deve ser um material compacto e leve e o menos poroso possível para não absorver os produtos da combustão do tabaco.

Diversos tipos de madeiras, incluindo o bambu, foram e ainda são utilizados, embora de maneira muito reduzida. Nos cachimbos de espuma do mar era comum o uso de piteiras moldadas em âmbar, que é uma resina fossilizada extraída de árvores. Por ser um produto muito caro, só era usada nos cachimbos mais refinados.

Osso e chifre também são empregados com frequência, e no caso do chifre, em algumas partes o mesmo é considerado um produto nobre e com uma certa "maciez" que o torna bastante apreciado pelo conforto proporcionado àqueles que gostam de segurar o cachimbo entre os dentes.

Por volta de 1839 o americano Charles Goodyear descobriu acidentalmente a vulcanização da borracha e mudou completamente a história dos cachimbos. Em 1851 foi patenteada a ebonite que é o resultado da vulcanização da borracha com excesso de enxofre. O nome é derivado de "ebony" que em inglês significa ébano, madeira de mesma cor preta e muito bonita. O produto resultante dessa vulcanização é um material duro, rígido, brilhante, bastante leve e sem porosidade e que não altera o sabor da fumaça. A ebonite, também chamada de vulcanite, por força dessas suas qualidades e de um custo razoável é usada em mais de oitenta por cento de todos os cachimbos de briar fabricados atualmente.

Apesar de todas as suas excelentes características, a ebonite apresenta alguns poucos defeitos que não impedem o seu uso e não a colocam em posição de inferioridade em relação a outros materiais.

Um desses defeitos é que devido a sua rigidez, as piteiras de ebonite estão sujeitas a quebras, e quando isso acontece na espiga, é um grande problema. O segundo defeito e o mais evidente é que com o uso e o passar do tempo, as piteiras de ebonite vão se descolorindo e adquirem um tom esverdeado ou amarelado. Essa descoloração é o resultado da oxidação do enxofre pelo contato com a umidade (do ar, da saliva) e da exposição à luz. O enxofre oxidado tende a migrar para a superfície da piteira que pode apresentar um pouco de cheiro e sabor de enxofre.

As piteiras de ebonite podem ser fabricadas em série ou então fabricadas em barras, das quais são cortadas e modeladas individualmente. Este é o processo dos artesãos que produzem algumas poucas centenas de cachimbo mensalmente, ao passo que a produção em série é destinada às fábricas de cachimbos que as adaptam a um modelo de cachimbo em particular, já que o ajuste cachimbo-piteira é único.

Todas a piteiras são feitas retas (isto explica como o duto de ar pode ser furado em curva). As que se destinam aos cachimbos curvos são colocadas em seus encaixes, ajustadas, lixadas, niveladas, polidas e depois aquecidas para serem curvadas a mão de acordo com o projeto do cachimbo. O acabamento das piteiras deve ser seguido de uma última verificação no duto de ar para evitar estreitamento devido à curvatura ou obstrução por rebarbas da furação.

Em 1927 o químico alemão Otto Rhom sintetizou pela primeira vez um novo polímero plástico chamado polimetilmetacrilato ou simplesmente acrílico. Trata-se de um produto com características semelhantes à ebonite, porém mais resistente, além de poder ser colorido em cores opacas ou translúcidas. No aspecto negativo é um produto bem menos resiliente que a ebonite, dando a impressão de ser menos macio quando é mordido, o que desagrada aos fumantes mais tradicionalistas.

Esse produto foi aperfeiçoado no início dos anos trinta pela empresa química americana E.I. DuPont , recebendo o nome de lucite que é uma marca registrada, assim como o plexiglass que é outra marca.

Hoje em dia, mais e mais cachimbos estão sendo feitos com piteiras de acrílico.

Fabricantes e marcas

A relação de fabricante e marcas de cachimbo que segue, foi elaborada dentro dos mesmos princípios que nortearam a relação de marcas e fabricantes de tabacos, ou seja, dar ao leitor uma ideia de quais são e de onde se originam algumas das marcas de cachimbos mais tradicionais e conhecidas. Não é nossa intenção relacionar aqui aquelas marcas que podem ser consideradas como raridades, seja porque a fábrica fechou a dezenas de anos ou porque foram produzidas só algumas centenas de unidades. Para esses existe um livro chamado "Cachimbo – Marcas, Fabricantes e Artesãos" (Pipes – Artisans and Trademarks, na edição em inglês) de autoria de José Manuel Lopes, que tem mais de 1.800 marcas de cachimbos relacionadas, com informações sobre as mesmas. Vale a consulta.

Uma das grandes dificuldades de se fazer esta relação é que devido ao seu caráter individual e familiar, a propriedade dessas empresas sofre grandes alternâncias e marcas surgem e desaparecem em curto espaço de tempo.

Amphora: marca de cachimbos holandeses fabricados pela "Royal Dutch Pipe Factory" que é uma subsidiária da mesma fábrica dos tabacos Amphora.

Ardor: fábrica italiana de cachimbos fundada em 1911 com o nome de Fratelli Ròvera, à época especializada na fabricação de cachimbos esculpidos representando animais e personagens históricos. Seu nome provém da conjunção das iniciais AR, de Angelo Ròvera, com DOR, as primeiras letras do nome de seu filho, Dorello. Hoje os cachimbos esculpidos representam apenas parte da produção da Ardor, que produz uma excelente linha de cachimbos, todos elas com nomes de planetas. A mais sofisticada é a linha Venere.

183

Armellini: marca italiana fundada em 1960 pelo artesão Mauro Armellini, que iniciou sua carreira como aprendiz, tendo trabalhado como projetista e fabricante de máquinas para a fabricação de cachimbos. Hoje em dia a empresa produz cerca de 3.000 cachimbos por ano, sendo dirigida por uma das filhas do artesão.

Ascorti: marca italiana cuja fábrica foi fundada em 1979 por Giuseppe Ascorti, um dos fundadores da fábrica Caminetto em 1968. Ao deixar esta, ele fundou sua própria empresa, que hoje é dirigida pelo seu filho Roberto Ascorti. A empresa produz cerca de 6.000 cachimbos por ano.

Astley's: nome de uma tabacaria de Londres que começou vendendo cachimbos de meerschaum e depois cachimbos de briar com seu nome, que eram produzidos por empresas como a Charatan e a James Upshall. A casa fechou por volta do ano 2000 depois que a marca foi vendida.

Barling: marca inglesa criada pela família Barling em 1812, inicialmente para comercializar cachimbos de meerschaum com aros e incrustações de prata e depois cachimbos de briar. Foi comprada pela Imperial Tobacco em 1962 e a produção foi terceirizada, inclusive com a criação de marcas secundárias como a "London Brand".

Bazzanelli: marca brasileira fundada por ex-funcionários da Bertoldi, estando localizada na mesma cidade de Timbó em SC. Utiliza madeiras nacionais e briar, sendo que seus cachimbos são em modelos clássicos e muitos deles envernizados. Hoje em dia um dos irmãos trabalha como artesão.

BBB (Britain's Best Briar): marca inglesa surgida em 1847, tornando-se a primeira marca de cachimbos registrada em 1876. A marca foi comprada em 1920 pelo Grupo Oppenheimer e incorporada à Cadogan, subsidiária do grupo que também fabrica os cachimbos GBD e Comoy's.

Bertoldi: marca brasileira pertencente à Só Cachimbos Ind. E Com. Ltda. de Ildefonso Bertoldi. Foi fundada em 1984 por Ildefonso e seu irmão, que deixou a empresa em 1997. A Bertoldi importa briar italiano e espanhol para sua linha de cachimbos "Maestro" e usa madeiras brasileiras para a sua linha mais popular. Produzia cerca de 14.000 cachimbos por mês, sendo cerca de 6.000 considerados de primeira linha, incluindo a linha Maestro.

Big Ben: marca holandesa da mesma fábrica dos cachimbos Amphora. A marca foi adquirida por volta de 1935 da firma que fabricava esses cachimbos e passou a fazer parte do catálogo da "Royal Dutch Pipe Factory" que teve seu início em 1870 como uma tabacaria, só começando a produzir cachimbos por volta de 1940. A empresa produz cerca de 20.000 cachimbos por mensais

Brebbia: marca italiana fundada em 1947 na cidade do mesmo nome, inicialmente com o nome de Savinelli que era o nome da famosa loja de artigos para fumantes e que era propriedade de um dos sócios da Brebbia. Em 1953 a empresa foi dissolvida e um dos sócios (Enea Buzzi) manteve a fábrica que passou a chamar-se MPB (Manufactura de Pipa Brebbia) e mais tarde simplesmente Brebbia. Produz cerca de 35.000 cachimbos por ano em uma enorme variedade de modelos.

Butz-Choquin: marca francesa fundada em 1858 por Jean Baptiste Choquin e Gustave Butz na cidade de Metz, mudando-se mais tarde para Paris e finalmente na década de 1950, comprada pelo Grupo Berrod Regad, foi transferida para Saint Claude, a capital mundial do cachimbo, onde se encontra até hoje. É uma das maiores, senão a maior fábrica de cachimbos de Saint Claude, produzindo dezenas de modelos, alguns de altíssima qualidade. A marca é mundialmente conhecida pela sua logomarca BC.

Cadogan: empresa britânica pertencente ao Grupo Oppenheimer. Comercializa diversas marcas de cachimbo como a GBD, Dr. Plumb e BBB.

Caminetto: marca italiana criada em 1968 por dois artesãos que trabalhavam na fábrica de cachimbos Castello: Giuseppe Ascorti e Luigi Radice. A empresa foi dissolvida no fim de 1979 e a marca Caminetto só voltou ao mercado por volta de 1986 quando foi comprada pelos donos da Ascorti, o mesmo Giuseppe e seu filho Roberto Ascorti que é quem está a frente do negócio nos dias de hoje. São produzidos cerca de 1500 cachimbos por ano.

Cassano: marca argentina criada por Luigi Arbotto e que deixou de ser produzida em 2002. Pertencia à mesma família que produzia a marca Crisol e que agora produz os cachimbos Luigi.

Cassano: marca italiana criada por volta de 1898, cuja produção era quase toda voltada para a exportação, principalmente para os Estados Unidos. Produzida pela Fabrica Pipe Carlo Cerezzo & Comp.

Castello: renomada marca italiana fundada no início de 1943 por Carlo Scotti. A fábrica produz menos de 5.000 cachimbos por ano, todos de excelente qualidade e muito procurados. A marca Castello é tida como a primeira a usar piteiras de acrílico nos anos 50.

Chacom: marca francesa de Saint Claude pertencente a Chapuis-Comoy, criada em 1928. Sua produção, de uma grande variedade de modelos e estilos, é exportada para inúmeros países e seus produtos são muito conceituados.

Chapuis-Comoy: marca francesa fundada em 1825 e tida como a primeira a usar briar na fabricação de cachimbos. A empresa é o resultado da união de duas famílias (Chapuis e Comoy) com

186

ramificações na Comoy's of London que foi fundada na Inglaterra por François Comoy.

Charatan: em 1863 um imigrante russo criou esta marca em Londres e desde então a mesma é sinônimo de qualidade. Foi a primeira fábrica inglesa a comprar os "ebauchons" da França e modelar seus próprios cachimbos. Todas as outras marcas inglesas compravam os cachimbos pré-moldados e só faziam o acabamento. Marca preferida dos nobres ingleses e artistas famosos, a fábrica foi vendida em 1960 para a Lane Limited dos Estados Unidos. Após 1978, quando foi vendida para a Dunhill, a fábrica mudou de dono várias vezes, voltando para a Dunhill em 1988. Alguns de seus modelos de cachimbos são peças de coleção avidamente procuradas

Comoy's: marca inglesa fundada em 13825 por François Comoy, portanto muito ligada à Chapuis-Comoy da França. Por volta de 1980 a marca foi adquirida pelo Grupo Oppenheimer e colocada sob administração da Cadogan que já distribuía os cachimbos GBD, Dr. Plumb e BBB.

Davidoff: marca suíça fundada em 1911 como uma tabacaria em Genebra. Zino Davidoff, filho do fundador da empresa, tornou-se famoso no ramo de charutos e a companhia expandiu-se mais ainda com a adição de acessórios para fumantes e mais tarde a fabricação de charutos na República Dominicana. A empresa foi adquirida em 1970 por um grupo alemão e em 1974 deu início à fabricação de cachimbos. São modelos clássicos de excelente qualidade e diversos acabamentos, complementados por uma linha de tabacos para cachimbo que vão desde alguns levemente aromatizados até misturas inglesas.

Dr.Grabow: marca norte-americana de cachimbos populares produzida desde 1930. Fabricando modelos clássicos, a linha é constituída por mais de 120 formatos e tamanhos (inclusive muitos com piteira rosqueada), chegando à fantástica marca de 1 milhão de cachimbos produzidos anualmente.

Dr.Plumb: marca originalmente francesa de Saint Claude, fundada em julho de 1925. É uma marca de cachimbos populares com piteira rosqueada e condensador. Hoje pertence ao Grupo Oppenheimer,

Dunhill: prestigiada e conceituada marca inglesa criada em 1907 por Alfred Dunhill. Em 1902 ele criou, como uma extensão dos negócios de seu pai, uma loja de artigos de couro para motoristas e em 1907 abriu uma tabacaria em Londres. Inicialmente vendia cachimbos produzidos por terceiros, mas em 1910 começou a produzir seus próprios cachimbos para conseguir a qualidade que desejava e que acreditava seria o seu diferencial em relação à concorrência. O preço cobrado refletia essa qualidade superior, e mesmo assim a marca ganhou prestigio. Desde 1912 ficou famosa no mundo todo a logomarca da empresa que consiste num singelo ponto branco (White spot) colocado no lado de cima das piteiras. Na realidade a finalidade desse ponto era mostrar aos fumantes qual era o lado de cima da piteira para que pudessem montar corretamente o cachimbo após a limpeza. Com o passar dos anos a Dunhill adquiriu outras marcas e fábricas que produziam cachimbos mais baratos e que não atingiam o padrão de qualidade necessário para ostentarem a marca Dunhill. Entre essas marcas estão a Parker e a Hardcastle, produzidas na fábrica Parker-Hardcastle situada em Walthanstow, para onde também se mudou a produção dos cachimbos Dunhill por volta de 1980. Os cachimbos Dunhill são peças em modelos clássicos com acabamento exclusivo.

Falcon: marca inglesa que teve origem nos Estados Unidos em 1936. São cachimbos com piteira de ebonite ou acrílico, cabo em alumínio e fornilho intercambiável em briar. Desde 1969 é fabricado exclusivamente na Inglaterra. O duto de ar do cabo é um tubo também metálico concebido para resfriar a fumaça.

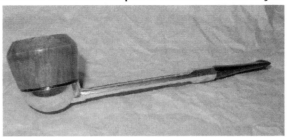

GBD: três artesãos franceses (Grannevar, Bondier e Denninger) fundaram a empresa em 1850 para a produção de cachimbos de meerschaum. No fim do século XIX começaram a produzir cachimbos de briar, o que os levou a estabelecer uma subsidiária em Londres no ano de 1902, a qual era operada pelo Grupo Oppenheimer, controlador da Cadogan. Os três sócios deixaram a empresa em 1903. Alguns anos após a Segunda Guerra Mundial (1952) a fábrica de Paris foi transferida para Saint Claude onde continuou suas operações até 1981 quando foi totalmente adquirida pela Oppenheimer. É interessante notar que a fábrica francesa teve várias mudanças de proprietários e de nome, mas a marca GBD continuou até os dias de hoje. As fábricas da GBD sempre fizeram muitos cachimbos com marcas de fantasia ou para terceiros, além é claro de seus próprios produtos.

Kirsten: marca americana produzida pela Kirsten Pipes. Fundada em 1936 pelo imigrante alemão Frederick Kirsten que chegou aos Estados Unidos em 1902 e anos mais tarde se formou em Engenharia Aeronáutica pela Universidade de Washington. Kirsten projetou o cachimbo que leva seu nome, quando um médico o aconselhou a deixar os cigarros. Sua ideia era produzir um cachimbo que esfriasse a fumaça e condensasse a umidade e o alcatrão do tabaco. São cachimbos com piteira de ebonite ou acrílico, cabo em alumínio maciço e fornilho intercambiável em briar.

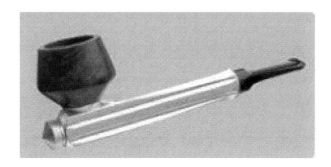

Lane Limited: empresa norte-americana de distribuição de tabacos para cachimbo que desde 2004 pertence a R.J.Reynolds.

Lorenzo: marca italiana cuja fábrica foi fundada em 1910 (a marca foi criada em 1946) e dirigida pela família Tagliabue até 1987 quando o nome foi vendido pelos herdeiros de Lorenzo Tagliabue a um dos funcionários da empresa e que a dirige até hoje. Produz cachimbos de qualidade média com briar da Calábria e da Grécia.

Mastro de Paja: surgida em 1972, esta marca italiana passou por várias trocas de dono até ser adquirida em 1995 por Alberto Montini que já trabalhava para a empresa desde 1985. Este expandiu os negócios e deu maior visibilidade à empresa, que produz cerca de 8.000 cachimbos por ano, sendo 80% para exportação. A Mastro de Paja utiliza briar da Córsega, Toscana e Calábria.

Medico: marca norte-americana surgida em 1933 que se destacou pelos cachimbos com filtro e mais recentemente por ser uma das primeiras a produzir cachimbos de "brylon", um material sintético composto de briar e nylon.

Peterson: mundialmente famosa marca de cachimbos irlandeses cuja origem remonta a 1850-1860 com os irmãos Heinrich e Frederick Kapp, que em 1865 se uniram a Charles Peterson, formando a Kapp & Peterson. Além de seus cachimbos a marca é conhecida por duas novidades: a piteira, na qual o furo de saída da fumaça está voltado para o céu da boca e o "Peterson System" de furação do duto de ar do cabo, que possui um "poço" sob o corpo do cachimbo para acumular umidade e propiciar uma fumada mais seca.

Porsche: marca alemã, cujo projeto de cachimbo foi feito pelo escritório de Ferdinand Porsche nos anos 80, com visual baseado em peças do motor do carro da mesma marca como pistões e bielas. Produção limitada que foi relançada no início de 2002 pela fábrica Big Bem da Holanda.

Ranieri: marca brasileira de cachimbos da família Ranieri, surgida no início do século XX. Produzia cachimbos utilizando madeiras nacionais em diversos modelos de cachimbos clássicos. Encerrou suas atividades por volta de 1995. Com um pouco de sorte ainda se consegue encontrar alguns modelos no mercado. A marca pertence hoje em dia à Tabacaria Ranieri.

Savinelli: marca italiana mundialmente conhecida que teve seu início em 1876 como uma loja de artigos para fumantes. A loja também vendia com seu nome, cachimbos produzidos por artesãos da região de Varese, perto de Milão, onde estava estabelecida. Em 1947 o neto do fundador da loja, montou uma fábrica de cachimbos na cidade de Brebbia, juntamente com Enea Buzzi, usando o nome da loja que nessa época já era muito conhecida. A sociedade durou até o início dos anos 50 e o sócio Achille Savinelli ao deixar a sociedade, montou uma nova fábrica com o nome Savinelli. A empresa utiliza briar de diversas regiões da Itália e produz mais de 100 mil cachimbos por ano, distribuídos sob diversas marcas como Aurélia, Capitol, Oscar, Saturnia e muitas outras. Além de marcas para terceiros e outras marcas produzidas e distribuídas pela Savinelli sem o seu nome.

Stanwell: fábrica de cachimbos dinamarquesa que iniciou sua produção em 1942, adquirindo o nome Stanwell em 1948. A empresa produz entre outras, uma série de cachimbos desenhados por alguns dos mais famosos artesãos dinamarqueses como Sixten Ivarson e Tom Eltang. As marcas mais populares da Stanwell são a Royal Danish, Dansk Club e Royal Guard entre outras, A produção da empresa chega a 100 mil unidades anuais.

Talbert: Treves Talbert é o artesão que dá nome à marca que produz principalmente "freehands" muito apreciados em briar italiano e grego. Estabelecido na Bretanha desde o início do sáculo, é conhecido também por produzir uma série de pequenos cachimbos em "morta", madeira semifossilizada encontrada na região.

Tsuge: maior e mais importante fábrica de cachimbos do Japão, cuja produção teve início após a Segunda Guerra Mundial. A empresa teve início com a fabricação de espadas para samurai, que foram produzidas até o fim do século XIX, sendo que a fabricação de piteiras começou por volta de 1936. A empresa produz dezenas de milhares de cachimbos por ano, mas as obras de arte são os modelos "freehands", muitos deles com a inserção de bambu no conjunto cabo-piteira.

Viprati: empresa italiana fundada em 1984 pelo italiano Luigi Viprati que já fabricava cachimbos desde 1972. Os cachimbos "freehand" da empresa, produzidos em briar da Calábria, tem aplicação de chifre, bambu e prata.

W.O.Larsen: companhia dinamarquesa fundada em 1864, atuando no ramo de tabacaria, tendo iniciado a produção de cachimbos em 1950. A empresa foi comprada pela Stanwell em 2003 e a loja no centro de Copenhagen fechou em 2005.

Weber: produzidos até o final dos anos 70 pela Weber Briars Inc., os cachimbos desta marca eram os mais importantes dos Estados Unidos na categoria dos cachimbos baratos. Fundada em 1938 por Carl Weber, a empresa se tornou uma das maiores do ramo nos Estados Unidos.

Cachimbos cerâmicos

Os poucos fabricantes de cachimbo cerâmicos merecem uma relação à parte por terem mantido viva uma tradição que é a própria história do cachimbo nos países ocidentais. Por outro lado, é triste constatar que mesmo essas companhias vão aos poucos perdendo forças e acabam desaparecendo.

John Polock & Co.: empresa inglesa fundada em 1879 na cidade de Manchester para a produção de cachimbos de argila e que se manteve em atividade até 1990-1992, quando o último descendente do fundador, aposentou-se fechando a empresa e vendendo o nome. Muitos dos moldes usados na produção, até a data do fechamento, eram originais da época da fundação. Hoje a marca pertence à Wilson´s & Co. que continua produzindo cachimbos de argila.

Lepeltier : companhia americana fundada em 1978 por Georges e Rosalie Lepeltier. Produzem cerca de 5.000 unidades por ano, sendo a maioria com paredes duplas e exterior esmaltado e decorado.

Zenith: marca holandesa de cachimbos de porcelana originada por volta de 1749 em Gouda, quando a cidade, então com 20.000 habitantes, era o centro mundial da fabricação de cachimbos de cerâmica. Metade da população da cidade vivia da produção de cachimbos de cerâmica. A marca pertence à fábrica de porcelanas Royal Delft (Koninklijke Porceleyn Fles) e surgiu por volta de 1918. Em 1980 a empresa produzia cerca de 7 milhões de cachimbos por ano, mas um incêndio em 1984 quase levou a empresa à falência. Em 1994 a produção que era feita na cidade de Utrecht foi consolidada em Delft, mas alguns anos depois a produção de cachimbos em geral foi paralisada. Hoje somente são produzidos cachimbos decorados, a maioria dos quais, evidentemente, com o famoso "azul de Delft" tão comum nas porcelanas da fábrica.

Escolhendo o cachimbo

Esta seção, bem como a seção de seleção de tabacos, é dedicada especialmente aos leitores iniciantes na arte de fumar cachimbo. A razão disto, é que os já fumantes têm seus cachimbos e tabacos prediletos e os usam de acordo com as suas preferências. Seus critérios de escolha de um de outro já estão bem estabelecidos e dificilmente mudarão, não importa o que se diga aqui.

O fumante novato, no entanto, pode ficar atrapalhado ao ter que escolher seu primeiro cachimbo em face da grande variedade de modelos e formatos existentes, sem falar na possibilidade de ter que decidir entre diferentes materiais de fabricação.

Cachimbos de argila, se não fossem tão raros, e cachimbos de meerschaum, se não fossem tão caros e delicados, seriam os melhores que poderiam ser escolhidos por um iniciante, pois devido às suas características, dariam a ele a oportunidade de provar o verdadeiro sabor do tabaco, apesar de algumas dificuldades que surgiriam devido à falta de prática. Um cachimbo de briar, entretanto, pode chegar bem perto disso e é muito mais acessível que os dois mencionados, tanto na sua disponibilidade quanto no seu custo. Por isso vamos nos concentrar nos cachimbos de briar (ou de madeira, se quiserem generalizar).

Comprar um cachimbo, principalmente o primeiro, é uma tarefa que pode ser comparada à tarefa de comprar uma camisa ou uma blusa, se for uma mulher. Claro, porque as mulheres também podem fumar cachimbo. Você não entra na loja, pega a primeira camisa (ou blusa) que lhe oferecem, manda embrulhar, paga e vai embora. Você examina os modelos, as cores, experimenta para ver se serve e se fica bem em você. Só depois é que faz a sua escolha final. Assim é com os cachimbos.

Em primeiro lugar você terá que escolher entre um cachimbo reto e um curvo. O cachimbo reto é mais clássico (adequado se você tiver uma certa idade e for mais conservador) e é um pouco mais fácil de limpar. É bom para quem pode fumar tendo as mãos livres para poder segurá-lo e não esquecer pendurado na boca.

O cachimbo curvo dá margem a variações mais arrojadas em suas formas e pode ser mantido mais tempo na boca sem cansar a mandíbula em demasia. É bom para quem gosta de fumar enquanto executa algum trabalho manual ou escreve. Exige um pouco mais de cuidado na limpeza.

O aspecto físico do fumante também deve ser levado em conta. Se, por exemplo, ele for um tipo magro e alto, um cachimbo mais longo e fino (como os "canadians", já descritos) poderá se adequar melhor à sua figura. Se o fumante for do tipo mais encorpado, um "rodhesian" (mais curto e robusto) poderá ficar melhor.

Tudo o que foi dito tem a finalidade de ajudá-lo a escolher seu primeiro cachimbo, portanto, vá até a tabacaria que escolheu, examine os modelos disponíveis, segure-os, sinta o seu peso, veja a sua cor e compre aquele que você gostar. Isso mesmo. Essa é a regra básica para se comprar um cachimbo: compre o que você gostar. Você está comprando um objeto que vai passar um bom tempo com você, que deve fazer com que você se sinta bem e tenha momentos agradáveis, portanto não vá comprar algo de que você não gostou só porque alguém disse que fica bem em você.

Do ponto de vista prático existem umas tantas orientações que podem ajudá-lo um pouco mais na sua escolha.

1. compre um cachimbo com fornilho médio ou pequeno. Lembre-se de que você não está acostumado e fumar uma grande quantidade de tabaco logo nas primeiras vezes pode deixá-lo "mareado".

2. peça para o vendedor desencaixar a piteira e assopre por ela para ver se não há entupimentos ou obstruções.

3.   faça o mesmo com o corpo do cachimbo, assoprando pelo cabo.

4.   verifique o interior do fornilho e veja se o furo do duto de ar está bem rente com o fundo e não acima dele

5.   pegue um escovilhão e introduza pela piteira até chegar ao fornilho. Isto indicará um bom alinhamento entre as peças do cachimbo.

Deixamos para o final a resposta àquela pergunta que está dano voltas na sua cabeça desde o início: Quanto devo gastar?

Lembre-se que além do cachimbo você deve comprar o tabaco, fósforos ou isqueiro, escovilhões para limpeza e uma ferramenta para socar o tabaco, popularmente conhecida como 3 em 1 ou tcheca e descrita em mais detalhes na parte de acessórios.

Fora isso você deverá comprar o melhor cachimbo que puder pagar sem deixar um buraco em sua conta bancária. Não é porque um cachimbo custa algumas centenas de reais que você vai fumar melhor do que se ele tivesse custado apenas algumas dezenas de reais. Não se esqueça que você está comprando um cachimbo para experimentar e que se não for do seu agrado fumar, você terá feito um investimento desperdiçado.

Se você gostar do que experimentou, a sua próxima compra (e se você gostou ela será feita, pode ter certeza) poderá ser um cachimbo de uma marca melhor e mais conceituada. Então você poderá comparar os dois e chegar à conclusão de qual apresenta a melhor relação custo-benefício. Você poderá ficar surpreso ao ver que nem sempre um cachimbo mais caro lhe dará mais prazer que um cachimbo mais barato.

Uma última advertência: enquanto você não estiver acostumado e não conseguir fumar sem aquecer demasiadamente as paredes do fornilho, evite comprar cachimbos envernizados. Embora possam ser lindos na aparência, o fato é que o verniz veda os poros da madeira evitando a "respiração" da mesma e agravando o problema do aquecimento, que irá se refletir em bolhas no verniz.

Cachimbos usados

Um modo de se adquirir cachimbos de boas marcas por um preço muito menor é pela compra de cachimbos usados ou o que os americanizo chamam de eufemisticamente de "estate pipes" (cachimbos de herança). Muitos franzem o rosto à ideia de colocar na boca um cachimbo que já tenha sido usado por outra pessoa, mas lembre-se de que ao jantar em um restaurante, você estará usando os talheres que foram usados por outros clientes do estabelecimento, mas antes de chegarem a sua mesa eles foram lavados, desinfetados e esterilizados. O mesmo acontece com os instrumentos do seu dentista e deve acontecer com o cachimbo usado que você está comprando.

Algumas pessoas que se dedicam ao negócio de cachimbos usados fazem um serviço de restauração e higienização tão completo que dificilmente você se sentirá constrangido em fumar um cachimbo convenientemente preparado por essas pessoas.

Se ainda assim você não estiver satisfeito, poderá você mesmo fazer esse serviço seguindo algumas das sugestões que encontrará mais adiante na parte de manutenção dos cachimbos.

Limpar seu cachimbo faz parte da terapia que é fumar seu cachimbo.

Fumando

Agora que você já tem seu cachimbo, seu tabaco e demais acessórios, está na hora de encher o fornilho e começar a fumar, ou melhor, a usufruir o prazer e tranquilidade que só um cachimbo pode proporcionar. Mas antes de começar vale a pena conter sua ansiedade e ler um pouquinho mais para evitar cair em algumas armadilhas que existem pelo caminho e que muitas vezes fazem com que as pessoas, principalmente os iniciantes, desistam de fumar cachimbo depois de algumas tentativas mal sucedidas.

A primeira e mais antiga dessas armadilhas é uma sensação aguda de queimação ou ardor na língua que muitos chamam de "picar a língua", outros de "morder a língua" (do inglês "tongue bite") e mais comumente de "pegar na língua" e que pode acometer qualquer fumante, se não forem observadas certas "regras". Estas não são secretas, desvendadas só aos mais experientes, mas precisam ser aprendidas.

Essa sensação de ardor na língua foi percebida e descrita pela primeira vez por volta de 1535 quando alguns exploradores europeus na região do Canadá, experimentaram fumar o cachimbo oferecido pelos índios e perceberam que a fumaça ardia na língua, como pimenta. O fenômeno está ligado à maneira como se enche o cachimbo e como se fuma. Hoje em dia é difícil encontrar um fumante mais experiente que seja acometido dessa dolorida sensação pois ela pode ser evitada e para isso é necessário seguir algumas das "regras", como foi mencionado acima. É evidente que um fumante novato não conhece essas regras e por isso é mais propenso a sofrer desse mal. Felizmente essa é uma habilidade que pode ser aprendida e com um pouco de prática e paciência o problema desaparece em pouco tempo.

A mordida na língua é causada por alguns fatores , entre os quais podemos citar: o tipo de tabaco (os VAs não envelhecidos picam muito mais que outros tabacos), o enchimento incorreto do cachimbo com o tabaco, fumar um tabaco que não está na umidade correta e fumar muito depressa, com puxadas muito frequentes, sejam elas curtas ou longas. Alguns apontam uma outra causa que é o amaciamento ou condicionamento incorreto do cachimbo, com o que não concordo plenamente. Alguns desses fatores serão discutidos mais adiante.

Antes disso, entretanto, vale lembrar aos iniciantes que NÃO se inala a fumaça do cachimbo. Tragar a fumaça do cachimbo não permite que você sinta o sabor do tabaco e você estará perdendo metade do prazer de fumar um cachimbo. Manter a fumaça na boca por alguns instantes, sentir o sabor do tabaco, muito mais puro e rico que o do cigarro, é a essência da arte de fumar cachimbo. Além disso, por não tragar a fumaça, você estará absorvendo muito menos nicotina que um fumante de cigarro. Aliás ex-fumantes de cigarro tem uma grande dificuldade em se ajustar a esta nova condição de ter a fumaça na boca e não inalar.

Do mesmo modo que a tranquilidade faz parte do ato de fumar um cachimbo, a moderação também deve ser regra para todos, principalmente os iniciantes. Não se acende um fornilho atrás do outro, não se enche um cachimbo quatro ou cinco vezes seguidas e nem se fuma quatro ou cinco vezes seguidas. Há que dar um tempo.

Condicionamento

Condicionar ou amaciar um cachimbo novo é submetê-lo a um procedimento que visa preparar o mesmo para as primeiras fumadas e facilitar a formação de uma crosta de carbono nas paredes do fornilho. Esta crosta ou bolo como chamam alguns, protege as paredes do fornilho do calor da brasa do tabaco aceso, evita que o tabaco absorva qualquer sabor da madeira, protege as paredes da umidade e isola um pouco a parte externa das paredes mantendo-as mais frias

A preparação inicial deve constituir de uns poucos cuidados básicos que incluem uma limpeza interna do fornilho com um guardanapo ou papel absorvente para limpar o pó que possa haver se acumulado (aproveite para ver se não há uma etiqueta colada com um código ou preço, colocada pelo vendedor) e uma passagem do escovilhão pela piteira e duto de ar do cabo para prevenir qualquer obstrução.

A partir deste ponto existe uma infinidade de "receitas" que seus inventores juram melhorar a qualidade e o sabor das primeiras fumadas. Essas receitas incluem: encher o fornilho com conhaque ou outra bebida destilada e deixar "curtindo" por alguns dias, embeber um tabaco neutro em uma bebida do tipo anterior e encher o fornilho com essa pasta e deixar por alguns dias, e outras mais estranhas e elaboradas. Na realidade nada disto é necessário e é até desaconselhável, pois, ao umedecer as paredes do fornilho com um liquido volátil, as mesmas podem trincar ao se acender o cachimbo. Além disso, digo por experiência própria, que depois de alguns minutos você não sente mais o sabor da bebida que usou e nunca mais vai sentir. Se eu tivesse lido este livro quando comecei a fumar cachimbo não teria perdido o tempo que perdi "preparando" o cachimbo e nem arriscado a integridade de um BBB Prince novinho.

Entre as receitas aceitáveis, e até bastante usadas, a menos danosa ao cachimbo consiste em untar as paredes do fornilho com uma finíssima camada de mel antes de encher o cachimbo pela primeira vez. Não é para besuntar as paredes do fornilho com mel, é para passar uma camada finíssima esfregando com o dedo e só na primeira vez. Aparentemente isto ajuda na formação da crosta de carbono.

Na realidade a coisa mais importante durante as primeiras fumadas é não deixar as paredes do fornilho esquentarem demasiadamente para evitar danos às mesmas, evitar o gosto de madeira que pode passar para o tabaco e assegurar-se que a crosta de carbono se forme desde o fundo do fornilho até o topo. Para que isso aconteça é necessário fumar o tabaco até o fim sem permitir o aquecimento exagerado das paredes como foi dito. A melhor maneira de se conseguir isto, é usando o método que ficou consagrado como o método dos "terços" ou seja encher o fornilho até um terço de sua capacidade nas primeiras quatro ou cinco fumadas, até dois terços nas outras quatro ou cinco e finalmente encher o fornilho inteiro. Neste ponto uma linda crosta de carbono deve estar começando a se formar no interior do fornilho de seu cachimbo. Sempre se deve inspecionar o interior do fornilho antes de carregar o tabaco, para assegurar que não há resíduos deixados da vez anterior. Quando dizemos resíduos, estamos nos referindo a pedaços de tabaco não queimados ou parcialmente queimados que ficam grudados na parede do fornilho. Estes resíduos devem ser retirados com cuidado para não danificar a crosta que está começando a se formar. A crosta de carbono nas paredes do fornilho é necessária, mas não é do tipo "quanto mais melhor". Quando a mesma se torna muito grossa pode causar danos ao fornilho devido à diferença do coeficiente de dilatação do carbono e da madeira. A espessura máxima admissível para a crosta gira em torno de 1,5 mm ou um pouco menos.

Quando dizemos que um cachimbo não propriamente amaciado não contribui para o problema de tabacos que picam a língua, partimos da

200

constatação óbvia de que um cachimbo novo e não amaciado não pica a língua se for enchido e fumado corretamente. O amaciamento incorreto pode contribuir para dar gosto de madeira à fumada, diminuir a vida útil do cachimbo e contribuir para o fenômeno da picada na língua, se neste caso forem esquecidas as condições ideais de se fumar com calma e com puxadas espaçadas para evitar o aquecimento do cachimbo, principalmente se estivermos fumando uma mistura rica em tabacos Virgínias não envelhecidos.

Encher o cachimbo

Para se encher um cachimbo devemos ter sempre em mente que vamos fumar através de um leito de tabaco colocado no fornilho e que o ar aspirado deve passar através desse leito. Se o mesmo for muito compacto, teremos que fazer muita força para aspirar o ar, a combustão não será uniforme, será difícil manter o cachimbo aceso e o mesmo esquentará demasiadamente. Se for muito pouco compacto, a velocidade do ar através do tabaco será muito grande e o tabaco se consumirá muito rapidamente.

Existem muitas maneiras de se encher um cachimbo e todas elas são corretas desde que propiciem uma fumada prazerosa. Novamente o método dos "terços" (neste caso frações do tabaco) é o método mais fácil de ser usado pelos iniciantes e é muito usado também por fumantes mais experientes.

Este método consiste em se dividir a quantidade de tabaco a ser colocada no fornilho em três partes. A primeira parte é colocada no fornilho e empurrada até o fundo sem se fazer muita força para compactar. A segunda parte é colocada logo a seguir e compactada com um pouco mais de força. Finalmente é colocada a terceira parte e, esta sim, é compactada com mais força. Experimente puxar o ar e se não for preciso fazer força, provavelmente o enchimento estará correto. Se for preciso fazer muita força para se puxar o ar, o melhor é esvaziar a cachimbo e começar o enchimento de novo.

Existe entre os fumantes de cachimbo uma frase que resume este método. Ela diz que a primeira parte deve ser apertada com a força de uma criança, a segunda parte com a força de uma mulher e a terceira parte deve ser apertada com a força de um homem.

Outra maneira de se encher o cachimbo, sem preocupação com terços e quantidades, é aquela em que enchemos o cachimbo com o tabaco sem fazer qualquer pressão no início deixando o tabaco chegar ao fundo do fornilho pela ação da gravidade. Quando o cachimbo estiver transbordando, empurramos o tabaco até o fundo do fornilho com o dedo ou com o socador da famosa ferramenta 3 em 1, exercendo uma leve pressão (a da força da criança), completamos o fornilho novamente até transbordar e novamente pressionamos o tabaco para dentro; mais uma vez enchemos o fornilho e ai sim pressionamos o tabaco com a força do homem. Experimentamos o fluxo de ar e se estiver bom já podemos passar para a fase seguinte.

Os métodos para encher um cachimbo, mencionados acima, são adequados para qualquer tipo de tabaco desfiado ou solto, mas não se prestam para uso com tabacos prensados de corte "sliced" ou "flake".

Os tabacos de corte "sliced" se apresentam como pequenos discos que devem ser desfiados na mão antes de serem carregados ou então colocados um a um dentro do fornilho, com pressão suficiente para serem compactados.

Já os tabacos "flake" são prensados em pequenas tiras de mais ou menos 7 cm de comprimento por 3 cm de largura e 1,5 mm de espessura, muito semelhante ao formato da goma de mascar americana. Para se carregar este tabaco no cachimbo temos a opção de desmanchá-lo nas mãos ou de usar o método descrito abaixo. Devemos mencionar que qualquer um desses dois tabacos quando desmanchados na mão e carregados como um tabaco desfiado, vão ter uma queima mais lenta apesar da semelhança do carregamento. O sabor é claro será de tabaco prensado e mais maturado.

Os tabacos "flake" são mais fáceis de serem carregados em cachimbos de formato "billiard" ou "canadian" ou outro semelhante. Normalmente se usam uma ou duas tiras para se carregar um fornilho de tamanho médio. As tiras devem, em primeiro lugar, serem dobradas pela metade no sentido da largura e depois novamente dobradas ao meio, agora no sentido do comprimento. A "plaqueta" resultante deve ser compactada com os dedos de modo a formar um pequeno tarugo que deve ser colocado no fornilho como se estivesse sendo rosqueado, até atingir o fundo. O que sobrar para fora do fornilho deve ser empurrado para dentro e compactado para dar a mesma consistência e resistência ao fluxo de ar de um tabaco desfiado.

Acender

O que usar para acender o seu cachimbo é um assunto que vamos deixar para comentar no item de acessórios. Por agora vamos nos concentrar em como acender o cachimbo. Em primeiro lugar o cachimbo deve ser aceso quando estiver na boca, ao contrário do charuto que pode ser aceso sem ser colocado na boca. Seja qual for o instrumento usado para acender o cachimbo, a chama deve ser aplicada sobre toda a superfície do tabaco com cuidado para não queimar as bordas do fornilho. Enquanto se aplica a chama, dar puxadas mais ou menos longas e pouco espaçadas. O tabaco vai começar a queimar e expandir-se, passando acima da borda do fornilho. Neste ponto devemos interromper a aplicação da chama e com o auxílio do socador (aqui não dá pra usar o dedo) compactar o tabaco, de preferência com algumas puxadas. Com isto você estará construindo uma camada compacta, abaixo da qual o tabaco vai queimar uniformemente. Se notar que apagou, não há problema, é bem provável que isso aconteça. Acenda novamente e continue a puxar até notar que o tabaco está aceso.

Acredite, é muito mais difícil descrever o processo do que executá-lo.

Fumar

Para fumar um cachimbo devemos dar puxadas leves, não muito longas e nem contínuas. Se você puxar com muita força e muito continuamente, tudo o que vai conseguir é esquentar o fornilho e queimar a língua, resultando naquela desagradável sensação descrita no início. Se você estiver fumando corretamente e ainda assim sentir problemas na língua, é provável que seja culpa do tabaco. Tabacos Virginia não envelhecidos ou misturas que contenham grandes proporções desse tabaco tendem a apresentar esse problema. Veja o item de envelhecimento de tabacos e experimente deixar seu tabaco envelhecendo por uns 3 ou 4 meses e tente novamente. É muito provável que você encontre uma diferença notável e muito menos problemas. No entanto, algumas teorias contradizem essas afirmações ao enfatizar que tabaco com menos açúcar como os "Burley" e os tabacos "Maryland" é que causam o problema por produzirem uma fumaça alcalina ao passo que tabacos com alto teor de açúcar dão origem a uma fumaça mais ácida que é menos agressiva. Minha experiência diz que os tabacos Virgínia não envelhecidos são os que mais "picam a língua", exigindo uma grande dose de calma para diminuir o problema. Por outro lado, as misturas de sabor americano, ricas em tabacos "Burley" são as que menos picam.

Até o pH (teor de acidez) da folha devido a influência da composição química do solo onde o tabaco foi plantado é apontado como fator exacerbante da "mordida na língua".

De qualquer modo a temperatura da fumaça é sempre mencionada como uma das causas principais, qualquer que seja o tipo de tabaco usado. Alguns afirmam que se a temperatura da umidade presente na fumaça for suficientemente alta (como a da água fervendo) com o passar do tempo pequenas quantidades de vapor de água a esta alta temperatura acabarão por sensibilizar a língua do fumante. Não consigo acreditar que qualquer quantidade de umidade a esta temperatura chegue até a boca do fumante, mas a teoria existe.

Para complicar as coisas ainda mais, alguns afirmam que fornilhos menores resultam em temperaturas mais altas devido maior velocidade do fluxo de ar através de um espaço menor. Outros sugerem o uso de uma piteira como a dos cachimbos Peterson com o seu sistema "P-lip" que dirige a fumaça para o céu da boca, protegendo a língua.

Como se vê, teorias para explicar o fenômeno existem muitas, mas nem uma fornece um argumento realmente convincente. Um fator a meu ver de extrema importância, mas pouco considerado é o fumante. Cada um tem uma sensibilidade diferente e reage de maneira diferente às condições resultantes da queima do tabaco. A favor deste argumento aponto o fato de que muitas pessoas gostam de comida apimentada, ao passo que outras sofrem com qualquer quantidade de pimenta presente no seu alimento, por menor que seja.

Tudo o que foi exposto acima indica que seguindo essas teorias, não há como encontrar um tabaco que de antemão se saiba não vai causar o problema. A única coisa certa é que se deve fumar devagar, pausadamente e com calma evitando aquecer em demasia o fornilho. Ao perceber que isto está acontecendo, devemos descansar o cachimbo, esperar esfriar e depois recomeçar.

Depois que tivermos fumado pouco mais da metade do fornilho, é possível que comecemos a notar uma alteração no sabor do tabaco restante, o que se nota com maior clareza em algumas das misturas aromatizadas. Isso se deve a alguns fatores entre os quais podemos citar o aquecimento mais prolongado a que é submetido o tabaco dessa parte do fornilho, diminuindo sua umidade e evaporando os aromatizantes, se for o caso, e também pela concentração dos produtos resultantes da queima do tabaco das camadas superiores, que vão se acumulando no fundo como se esse tabaco fosse um filtro absorvente. Para evitar esse incomodo, que é mais exceção do que a regra, muitos fumantes não enchem o fornilho completamente, diminuindo assim o tempo da fumada, outros não fumam até o fim do fornilho deixando o cachimbo apagar e esvaziando quando passa um pouco abaixo do terço inferior do fornilho.

Descansar

Tão logo terminemos de fumar, devemos preparar o cachimbo para a próxima vez, e isto inclui uma limpeza inicial, bem como um descanso merecido ao nosso amigo para recuperar sua forma.

Essa limpeza inicial consiste em retirar as cinzas e restos de tabaco não queimado do fornilho e uma limpeza do duto de ar da piteira e do cabo.

Para retirar as cinzas e os restos de tabaco não queimado, recomenda-se o uso de qualquer objeto pontiagudo como o "cutucador" da ferramenta 3 em 1, um palito de dentes ou qualquer coisa semelhante, apenas para soltar os resíduos e permitir que caiam ao se emborcar o cachimbo sobre o cinzeiro. É prática comum entre os fumantes bater o fornilho para esvaziar, mas devemos tomar muito cuidado com este procedimento para evitar danos ao cachimbo. A primeira coisa a se levar em conta é nunca bater o cachimbo sobre qualquer coisa mais dura que a palma da sua mão. Esquecer deste detalhe é marcar irremediavelmente a borda do fornilho de seu cachimbo. Muitos fumantes e alguns fabricantes colam um pedaço de cortiça no fundo do cinzeiro para absorver o impacto. Outra coisa a se lembrar é de não segurar o cachimbo pelo cabo; a alavanca formada, por mais cuidado que se tenha, pode quebrar o cabo. O correto é segurar o cachimbo pelo corpo ao bater.

Terminada a retirada das cinzas e resíduos, passar com cuidado um papel absorvente pelas paredes do fornilho. A limpeza do duto de ar e remoção da umidade é feita pela introdução de um escovilhão pela piteira até chegar ao interior do fornilho. É evidente que este processo não pode ser feito em cachimbos com filtro. Neste caso deve-se deixar o cachimbo esfriar por algumas horas e depois desmontá-lo para concluir a limpeza. O cachimbo nunca deve ser desmontado enquanto estiver quente. Se você fizer isto, arrisca-se a trincar a espiga ou o encaixe da espiga. Para retirar a piteira depois que o cachimbo estiver frio, segurar o corpo do cachimbo com firmeza, segurar a piteira o mais próximo do cabo que for possível e torcer com cuidado à medida que se puxa. Alguns insistem que a torção deve ser sempre no sentido horário, mas achamos que isso é detalhismo em excesso.

Depois que o cachimbo estiver limpo remontar o mesmo e colocar para descansar com o corpo para baixo. Alguns fumantes afirmam que é melhor colocar com o corpo para o alto, mas cremos que nesta posição qualquer umidade remanescente tende a escorrer para a piteira e na próxima fumada você terá aquele gosto amargo na boca.

Alguns fumantes gostam de deixar o cachimbo descansando com um escovilhão enfiado na piteira com o argumento de que o mesmo absorverá qualquer umidade exudada pelo cachimbo, ao passo que outros argumentam que isso diminui o fluxo de ar através do duto de ar e do fornilho dificultando a secagem. Mais uma vez é uma questão de preferência pessoal.

Agora é a hora daquela pergunta que é feita por dez em cada dez iniciantes e respondida com certeza por poucos, mesmo os mais experientes: quanto tempo devo deixar o cachimbo descansando entre uma fumada e outra?

Levando em conta que esse período de descanso é para permitir que o cachimbo esfrie e seque completamente, o tempo de descanso deve ser alguma coisa entre 24 e 48 horas, mas isso depende de dois fatores importantes: quantas vezes fumamos por dia e quantos cachimbos temos. Se tivermos dois ou três cachimbos e fumarmos uma vez por dia é evidente que cada um deles poderá descansar pelo menos 24 horas, mas... e se tivermos apenas um cachimbo e quisermos fumar duas vezes por dia.? Deixe o cachimbo descansar o máximo possível entre uma fumada e outra e vá em frente. Mesmo porque gosto ruim devido a excesso de resíduos e umidade absorvidos pelas paredes do fornilho só irão aparecer depois de muitas fumadas e antes disso você terá oportunidade de fazer uma boa limpeza no seu cachimbo e deixá-lo descansar por um tempo mais longo.

Acessórios

É evidente que as duas coisas mais importantes que precisamos ter para fumar cachimbo são o cachimbo e o tabaco, mas existem alguns acessórios que facilitam a vida dos fumantes e tornam mais prazeroso o nosso passatempo. Apenas para facilitar a compreensão dividimos os acessórios em três grupos: os acessórios para acender o cachimbo, os acessórios para fumar, e os acessórios para limpar o cachimbo. Não há nada de técnico ou científico nessa divisão.

Para acender

Para acender o cachimbo evoluímos desde a brasa colocada sobre o tabaco e usada pelos primeiros fumantes encontrados pelos descobridores da América até os fósforos e isqueiros dos dias de hoje.

Os fósforos, segundo os puristas é o único meio correto de se acender um cachimbo. Mesmo assim é necessário tomar certos cuidados e escolher o produto certo. Fósforos, só os de palito de madeira; não se deve usar fósforos de papel ou de plástico. Além de serem muito pequenos e se consumirem rapidamente, podem deixar gosto no tabaco. Mesmo entre os fósforos de palito de madeira devemos escolher os de palitos mais longos, pois têm um período de queima maior e a chama é também maior, facilitando o acendimento. Só colocar a chama do fósforo sobre o tabaco depois que a cabeça do mesmo tiver sido consumida pois o cheiro e o sabor do enxofre podem estragar aquele tabaco tão especial.

Quanto aos isqueiros, a preferência dos fumantes se divide entre os isqueiros alimentados por fluído e os alimentados a gás butano. Entre os primeiros, o mais desejado e usado é o da marca Zippo, insuperável na simplicidade de sua forma. O modelo mais procurado é aquele que tem a lateral da "gaiola" de proteção contra o vento com um furo que facilita o seu uso para se acender cachimbos. Fluídos de qualidade inferior devem ser evitados para que não contaminem o tabaco com seu cheiro e sabor. Muitos fumantes, no entanto, acreditam que qualquer que seja a marca do fluído, a contaminação é inevitável.

Os isqueiros alimentados a gás butano têm a grande vantagem de queimarem com uma chama limpa, sem fuligem, sem aroma e sem sabor, não interferindo em nada no aroma e no sabor do tabaco. Os modelos variam desde os mais simples de plástico, encontrados para venda nos caixas de qualquer bar ou banca de jornal, até os mais sofisticados feitos de metal e com a saída da chama na lateral do isqueiro, o que facilita enormemente o acendimento do cachimbo.

O único tipo de isqueiro a gás que não recomendo a ninguém são os isqueiros do tipo maçarico. O uso do isqueiro maçarico é a solução para um problema inexistente. Não vemos sentido algum em se usar uma chama com uma temperatura tão alta para acender o cachimbo, se o tabaco, por pior que seja, sempre acende com facilidade, mesmo os mais úmidos. A elevada temperatura da chama do maçarico pode literalmente incinerar a camada superior do tabaco e você já começa perdendo uma parte do seu tabaco. Além disso, qualquer descuido que dirija a chama para a borda do fornilho, ou mesmo para a sua parede, pode causar um estrago irreparável no cachimbo. Como digo sempre, o uso do isqueiro maçarico é um acidente esperando para acontecer; e mais cedo ou mais tarde ele vai acontecer.

Outro acessório muito útil para ajudar a acender o cachimbo é um socador (que os americanos chamam de *tamper*) e que é usado para prensar o tabaco no fornilho quando o mesmo se expande no primeiro acendimento ou a medida que vão se formando as cinzas. Existem modelos muito simples feitos de um pedaço cilíndrico de madeira com cerca de 10 cm de comprimento e 1,5 cm de diâmetro até outros feitos de marfim finamente trabalhados com incrustações em ouro e prata. Toda ferramenta 3 em 1 tem um socador como componente da mesma.

Para fumar

Nosso contato com outros fumantes de cachimbo mostra que este é o grupo de acessórios que mais reflete o gosto individual de cada fumante. Este grupo é composto pelos filtros, condensadores e absorvedores de umidade, além dos protetores de piteira que são pouco usados.

Os filtros são acessórios colocados na piteira no caminho do fluxo da fumaça cuja finalidade é absorver parte dos componentes da mesma, como nicotina, alcatrão e umidade. Consistem de pequenos tubos de 6 ou 9 mm de diâmetro preenchidos com carvão ativado mais um outro material absorvente. Por absorver boa parte dos componentes da fumaça, os filtros alteram substancialmente o sabor dos tabacos diminuindo as diferenças entre eles, além de restringirem o fluxo de ar. Os filtros podem ser reaproveitados umas poucas vezes antes que comecem a transmitir para a fumaça o sabor e aroma dos resíduos absorvidos anteriormente, além de perderem sua eficiência à medida que são usados. Por utilizarem carvão ativado esses filtros não podem ser lavados, colocados para secar e reutilizados. Eu costumo dizer que o dia em que inventarem um filtro realmente eficiente, todos os tabacos terão o mesmo sabor ou seja, sabor de fumaça sem aroma e sem sabor. A maioria dos fumantes de cachimbo simplesmente retira os filtros.

Os condensadores são pequenas peças metálicas, geralmente de alumínio, colocadas na maioria das vezes na espiga da piteira, cuja finalidade é condensar a umidade resultante da combustão do tabaco. O problema segundo a maioria dos fumantes é que o produto desta condensação se acumula na passagem da fumaça e com muita frequência chega à boca. Por acumularem resíduos da combustão, os condensadores devem ser limpos com frequência para não transmitirem sabor à fumaça. A imensa maioria dos fumantes retira este acessório por considerá-lo mais um estorvo sem qualquer utilidade.

Os absorvedores de umidade são peças de madeira balsa, colocadas no lugar dos filtros e que absorvem parte da umidade da fumaça que passa por elas. Como a absorção se dá pela superfície da madeira por onde passa a fumaça, nem toda a umidade é absorvida. Um absorvedor não pode ser usado mais que um par de vezes pelas mesmas razões que os filtros.

Os protetores de piteira são pequenos pedaços de tubinho de borracha com um ou dois centímetros de comprimento colocados na boquilha da piteira para evitar marcas de dentes na piteira. São raramente usados.

Para limpar

Entre os acessórios necessários para manter seu cachimbo sempre limpo e em condições de uso podemos citar: um pedaço de tecido como brim ou um rolo de papel toalha para limpar e secar o interior do fornilho, uma quantidade apreciável de escovilhões (nunca são demais) para limpar o duto de ar da piteira e do cabo e uma ferramenta 3 em 1.

Os escovilhões são pedaços de arame fino com mais ou menos 20 cm de comprimento recobertos de feltro ou outro material absorvente e que podem ser usados para tirar os resíduos acumulados no duto de ar ou para secar a umidade que se forma durante a fumada. Existe um modelo de escovilhão em que metade dele é recoberta com um feltro mais áspero e, portanto, mais abrasivo, que se presta melhor para retirar resíduos de nicotina e alcatrão incrustados no cabo ou na piteira.

A ferramenta chamada de 3 em 1 é uma peça metálica que possui acopladas três ferramentas: um socador, uma ponteira e uma colherinha ou uma lâmina sem corte. As duas primeiras ferramentas fazem parte de todos os conjuntos, ao passo que a última é variável; alguns conjuntos têm a colherinha e outros têm a lâmina. Já falamos sobre o uso do socador no acendimento do cachimbo e mesmo durante a fumada. A ponteira normalmente é usada para se desentupir o cabo do cachimbo quando o mesmo for curto o suficiente e também para "afofar" o tabaco no fornilho quando o mesmo estiver muito compactado, dificultando a aspiração. A mesma finalidade tem a colherinha e serve também para raspar (muito de leve) o fundo do fornilho para tirar resíduos e o resto do tabaco não queimado.

A lâmina sem fio pode executar as tarefas da colherinha, mas há uma tarefa para a qual é especialmente apropriada: raspar a crosta de carbono da parede do fornilho quanto aquela estiver muito grossa. Por não ter corte não há perigo da lâmina danificar as paredes.

Para raspar essa crosta de carbono existem também algumas ferramentas especiais com a possibilidade de se ajustar o diâmetro das lâminas para remover mais ou menos carvão da crosta. Qualquer que seja a ferramenta é preciso tomar muito cuidado para não se exagerar e remover mais do que o necessário e principalmente não remover pedaços da parede do fornilho junto com a crosta de carbono.

A parte externa do cachimbo pode ser mantida limpa com o auxílio de uma flanela e um pouco de cera de carnaúba ou até mesmo cera de

211

assoalho segundo alguns fumantes. Neste caso é preciso deixar arejar um pouco depois da limpeza.

Existe uma infinidade de outros acessórios que podem ser usados para nos auxiliar a usufruir o prazer de fumar cachimbo, tais como, aparadores de cachimbo, estantes ou armários, bolsas para transporte, cinzeiros e muitos outros.

Acompanhamentos

Um assunto que sempre surge em rodas de fumantes de cachimbo é o da compatibilização dos tabacos com alimentos e bebidas. Ditar regras ou mesmo dar sugestões sobre isso é extremamente difícil pois ao contrário dos vinhos, os quais você escolhe em função do alimento, no caso do cachimbo você teria que escolher o alimento ou a bebida em função do tabaco que vai degustar. Se não bastasse isso, muitos fumantes consideram o ato de fumar o cachimbo um fim em si mesmo, que exige dedicação exclusiva e que quando muito, pode ser combinado com a leitura de um bom livro, com a apreciação de uma boa música (seja o ritmo que for) ou com a tarefa de escrever um livro ou um texto qualquer. Ou seja atividades tão tranquilas quanto se fumar um cachimbo.

Quanto a bebidas alcoólicas, o seu consumo durante a fumada é desaconselhado por muitos, pois o álcool torna a mucosa bucal mais sensível potencializando os malefícios que podem advir do calor da fumaça. Álcool só depois de fumar.

Dito isto, deixo ao gosto de cada um a escolha do alimento ou da bebida com que vai acompanhar o seu tabaco predileto, mas acredito que caiba aqui uma sugestão sobre o "antes" do cachimbo. Para melhor apreciar seu tabaco não se deve fumar o cachimbo sem antes comer alguma coisa, principalmente se o seu tabaco predileto for do tipo mais forte e encorpado como um Night Cap da Dunhill, um tabaco carregado de Latakia ou uma mistura balcânica. Fumar esses tipos de tabaco com o estômago vazio é um convite à indisposição.

Bons hábitos de higiene bucal também são mais que uma necessidade; são complementos indispensáveis ao prazer de fumar um cachimbo.

Etiqueta ao fumar

O hábito de fumar cachimbos ou charutos sempre se diferenciou do ato de fumar cigarros. Fumar cachimbos ou charutos sempre foi um hábito cercado de um cerimonial maior e mais elaborado, sendo sempre executado de maneira mais tranquila, muitas vezes como um congraçamento entre amigos. Era uma reunião entre amigos após o jantar em uma sala reservada como que para não incomodar as senhoras com a fumaça.

Essa preocupação com o próximo sempre foi uma característica do fumante de cachimbo, mesmo porque devido ao caráter tranquilo do hábito muitas vezes a presença do próximo rompia essa tranquilidade.

Infelizmente nos dias de hoje a etiqueta ao fumar é determinada por portarias da Agência Nacional de Vigilância Sanitária (ANVISA) que nos diz quando e onde podemos degustar nossos tabacos preferidos. Mesmo espaços abertos como praças e praias são patrulhadas por "fumantes passivos" que insistem em tentar nos impor as normas da agência reguladora até mesmo em locais sobre os quais a mesma ainda não se pronunciou.

O único lugar ainda não invadido pelas normas reguladoras é o interior de nossa casa   onde cada fumante elegeu um lugar como o seu reduto, seja ele uma sala de leitura, um escritório ou mesmo uma varanda, onde pode se dedicar ao seu hábito com tranquilidade, sem obrigar os outros a participarem do mesmo. Mesmo a limpeza do cachimbo deve ser feita longe da presença de não fumantes, pois não acredito que haja alguém que aprecie o cheiro de um escovilhão que acabou de ser usado ou de restos de tabaco queimado em um cinzeiro.

Saúde

Até agora falamos sobre o prazer que temos ao fumar nossos cachimbos e a tranquilidade e paz de espírito que obtemos durante esse tempo. Agora chegou a hora de falarmos sobre os custos desses momentos; custos esses que podem ir além dos reais despendidos na compra de tabacos e cachimbos.

Antes de tudo vale relembrar que fumar é a maneira mais rápida de absorção de nicotina, devido a alta capacidade de absorção pulmonar. A absorção pela mucosa bucal. por exemplo, é pelo menos 3 vezes mais lenta que a absorção pulmonar.

As campanhas antitabaco começaram praticamente ao mesmo tempo que a descoberta do tabaco, como já mencionado anteriormente, quando Rodrigo de Jerez, tripulante da frota de Cristóvão Colombo, foi denunciado à Inquisição espanhola por bruxaria, ao ser visto soltando fumaça pela boca e pelo nariz. Depois disso muitos reis e imperadores, sem contar as autoridades eclesiásticas, editaram leis e decretos contra o tabaco, sempre baseados em seus gostos pessoais, embora às vezes tentassem reforçar seus argumentos com conceitos de higiene e saúde, mas sem base científica para tanto.

Ao que tudo indica, a primeira tentativa de estabelecer uma relação entre o tabaco e o câncer de pulmão, foi feita durante o regime nazista na Alemanha, quando por ordem de Adolf Hitler as autoridades de saúde começaram a coletar dados em busca dessa correlação, com a finalidade de erradicar o hábito de fumar em nome da chamada "pureza da raça ariana". Os primeiros levantamentos mostravam que o extraordinário aumento do uso do cigarro nos anos anteriores a 1939 era a causa mais importante no aumento dos casos de câncer do pulmão nesse período. Essas pesquisas eram vistas com grande descrença por boa parte da comunidade científica e pelo público em geral, pois os pesquisadores estavam a serviço do partido nazista, que seguia as diretrizes do chanceler do Reich, um notório antitabagista.

O início da Segunda Guerra Mundial, entretanto, levou para segundo plano as preocupações com a saúde, pois, a exemplo do que já havia acontecido durante a Primeira Guerra em 1914, o cigarro era a "muleta" psicológica na qual se apoiavam os soldados e mesmo os civis nas cidades atingidas pela guerra. Afinal a possibilidade de morrer durante um combate ou um bombardeio era uma coisa muito mais presente e real do que a possibilidade estatística de contrair uma doença de pulmão no futuro. O cigarro acalmava os nervos e estabelecia um elo com a vida normal. Como já havia acontecido anteriormente, pacotes de cigarros começaram a fazer parte da ração de guerra de cada combatente. O governo americano enviou milhões de cachimbos para os soldados que lutavam na Europa e no Pacífico e vários generais faziam propaganda do hábito de fumar cachimbo e ou charuto.

Após o fim da guerra, por volta de 1950, cientistas americanos chegaram à mesma conclusão que os alemães, de que um fumante tinha muito mais possibilidade de contrair um câncer de pulmão que um não fumante. Outros pesquisadores analisando os produtos da combustão do tabaco, descobriram uma enorme quantidade de subprodutos que poderiam contribuir para isso. O irônico é que as empresas fabricantes de cigarros, informadas desta descoberta, chegaram à conclusão que deveriam filtrar a fumaça do cigarro e que para isso o melhor era colocar um filtro de fibras absorventes no caminho da fumaça. O produto escolhido para compor o filtro foi o amianto, que anos mais tarde foi inequivocamente associado ao aparecimento de câncer do pulmão nos trabalhadores da indústria de extração e processamento do amianto. Somente em 1957 o Departamento de Saúde americano se pronunciou oficialmente sobre o assunto através de um relatório do "General Surgeon" que é o equivalente ao nosso Ministro da Saúde. Estatísticas posteriores também apontaram para uma correlação entre o habito de fumar e o surgimento de doenças como enfarto do miocárdio, enfisema pulmonar, úlceras gástricas e bronquite crônica.

Desde 1963 surgiu na literatura médica o termo "fumante passivo" para designar aquelas pessoas que inalavam a fumaça proveniente do ambiente que compartilhavam com fumantes. Em 1981 um outro relatório estabeleceu a significância estatística da ocorrência do câncer de pulmão entre as esposas de fumantes e que estavam muito mais propensas a serem consideradas "fumantes passivas".

Agora a boa notícia: nenhum desses estudos mostrava que o hábito de fumar cachimbos ou charutos fosse tão prejudicial à saúde quanto o hábito de fumar cigarros. Seria porque o cachimbo e o charuto não fazem mal? Não na realidade. A população de fumante de cachimbos e charutos era tão pequena frente à legião dos fumantes de cigarro que nunca foi totalmente considerada nesses estudos. Apesar disso, segundo alguns autores, num relatório de 1964, o já mencionado "General Surgeon" dos Estados Unidos dizia que aparentemente havia menor propensão dos fumantes de cachimbo e charuto contraírem câncer de pulmão que os fumantes de cigarro, embora essa propensão fosse maior que entre os não fumantes. Estudos mais atuais mostram que devido ao fato de não inalarem a fumaça, esses fumantes de cachimbos e charutos tem menor tendência a lesões no pulmão que levam ao surgimento do câncer. Em compensação devido ao maior contato com a fumaça quente e aos agentes cancerígenos existentes na mesma, eles estão mais propensos a contraírem outras moléstias como câncer na boca, lábios e esôfago, quando comparados aos não fumantes.

As duas tabelas abaixo, extraídas do relatório do "General Surgeon" e publicadas em 1964 merecem alguns comentários.

Tipo de "tragada"	Número de cigarros por dia			
	1 a 9	10 a 19	20 a 39	+ de 40
Nenhuma	1,29	1.46	1.56	2.05
Leve	1,29	1.48	1.84	1.97
Média	1,61	1.83	1.84	2.01
Profunda	1,56	1.76	2.18	2.30

Tabela 1: Taxa de mortalidade por tipo de inalação

| | Número de anos em que se fumou | | | |
Tipo de fumo	< de 15	15 a 24	25 a 34	+ de 35
Cigarros	0.92	1.52	1.50	1.86
Cigarros e outros	1.07	1.41	1.33	1.49
Charutos	0.92	0.94	0.96	1.12
Cachimbo	1.01	1.34	0.97	1.07

Tabela 2 :Taxa de mortalidade por tempo em que se fumou

Excetuando-se alguns erros de metodologia, reconhecidos no relatório, como, por exemplo, o fato de se fumarmos cachimbos por mais de 25 anos a possibilidade de se morrer de doenças pulmonares diminui em ralação a quem fumou entre 15 e 24 anos, essas tabelas podem servir para duas conclusões.

1. Quanto mais fumarmos maiores as chances de se contrair uma doença pulmonar.
2. Quanto mais tempo fumarmos maior a mesma possibilidade.

Além desse, outros relatórios em outras especialidades clínicas como a odontologia, apontam para doenças bucais como a periodontite e perda de dentes.

Em função de todas essas informações sugerimos o seguinte decálogo:

1. Fumar cachimbo (ou charuto) não é isento de riscos à sua saúde, embora estes pareçam ser menores que os riscos de se fumar cigarros.
2. Somente você pode decidir entre os riscos existentes em fumar cachimbo e o prazer derivado dessa atividade.
3. Não inalar a fumaça do cachimbo diminui os riscos. (Uma pesquisa realizada on-line entre os membros da Confraria dos Amigos do Cachimbo, indica que entre os 168 que responderam até 20 de abril de 2007, 87% não inalavam a fumaça).

4. Fumar com moderação. No máximo 4 fornilhos por dia. (Uma outra pesquisa realizada on-line entre os membros da Confraria dos Amigos do Cachimbo, indica que entre os 185 que responderam até 20 de abril de 2007, 81,6% fumam menos que 3 fornilhos por dia).

5. Não manter o cachimbo preso entre os dentes em um só ponto da boca. Isto evita que o calor da fumaça agrida um único ponto da língua. Alternar os lados e tirar o cachimbo da boca com frequência.

6. Não ingerir bebidas alcoólicas enquanto fuma. O álcool fragiliza a mucosa bucal tornando-a mais propensa a lesões.

7. Ao terminar de fumar ingerir um líquido refrescante como água ou chá frio.

8. Se tiver qualquer lesão na boca como cortes, queimadura ou afta, espere sarar antes de fumar.

9. Consulte seu médico e seu dentista pelo menos uma vez por ano.

10. DESFRUTE COM MODERAÇÃO

Apêndice

Fumantes famosos

Nesta seção apresentamos alguns personagens famosos que foram, e alguns ainda são, fumantes de cachimbo. Muitos deles são realmente fumantes, tendo sido mostrados fumando em muitas oportunidades, sendo que alguns poucos são até colecionadores. Outros são tidos como fumantes mas foram mostrados fumando apenas em poucas fotos e ainda outros (principalmente os mais antigos) são tidos como fumantes por muitos autores, embora seja muito raro encontrar uma pintura ou uma foto dos mesmos fumando. Em alguns casos colocamos as datas de nascimento e falecimento apenas para situar no tempo o personagem mencionado.

- **Adams, John** (1735-1826): advogado, autor, estadista e diplomata norte-americano. Foi o segundo presidente dos Estados Unidos entre 1797e1801.

- **Aldrin Jr., Edwin E. (Buzz):** piloto naval e astronauta americano e segundo homem a pisar na Lua, como tripulante da nave Apollo 11.

- **Armstrong, Neil Alden:** piloto naval e astronauta americano e primeiro homem a pisar na Lua, como comandante da nave Apollo 11.

- **Bach, Johann Sebastian** (1685-1750): nascido em Eisenach na Alemanha, foi compositor, cravista, regente e organista tendo composto obras clássicas como *O cravo bem temperado* e *Tocata e Fuga em ré menor* BWV 565.

- **Bacon, Sir Francis** (1561-1626): também referido como Bacon de Verulam foi um político, filósofo, ensaísta inglês, barão de Verulam e visconde de Saint Alban. É considerado como o fundador da ciência moderna

- **Baldwin, Stanley** (1867-1947): foi um político britânico, por três vezes primeiro-ministro do Reino Unido pelo Partido Conservador entre 1923 e 1937.

- **Baudelaire, Charles Pierre** (1821-1867): foi um poeta boémio ou *dandy* e teórico da arte francesa. É considerado um dos precursores do simbolismo e reconhecido internacionalmente como o fundador da *tradição moderna em poesia*. Sua obra teórica também influenciou profundamente as artes plásticas do século XIX.

- **Bohr, Niels H.D.** (1885-1962): físico dinamarquês cujos trabalhos contribuíram decisivamente para a compreensão da estrutura atômica e da física quântica.

- **Bismarck, Príncipe Otto Eduard Leopold Von** (1815-1898): foi um nobre, diplomata e político prussiano e uma personalidade internacional de destaque do século XIX. Chamado de o chanceler de ferro, foi o estadista mais importante da Alemanha do século XIX.

- **Brynner, Yul** (1920-1985): ator norte-americano de origem russa, Ficou famoso pela peça "O Rei e Eu", tendo raspado o cabelo (sua marca registrada) para representar a mesma durante 30 anos na Broadway, tendo ganho o Oscar pelo filme do mesmo nome.

- **Byron, George G. (Lord Byron)** (1788-1824): foi um poeta britânico e uma das figuras mais influentes do romantismo. Entre os seus trabalhos mais conhecidos está o extenso poema narrativo *Don Juan*. Byron é considerado um dos maiores poetas britânicos e permanece vastamente lido e influente. Ele percorreu toda a Europa, especialmente a Itália, onde viveu durante sete anos.

- **Casals, Pau** (1876-1973): Pau Casals i Defilló foi um virtuoso violoncelista e maestro catalão. É também amplamente conhecido pela versão castelhanizada de seu nome:Pablo Casals

- **Conrad, William** (1920-1994): foi um famoso locutor e ator norte americano, conhecido por seus papéis em diversos filmes dos anos 1950/1960/1970, sendo mais lembrado pela sua atuação como "Frank Cannon" da série para a televisão, Cannon. Segundo alguns autores sua coleção de cachimbos tinha mais de 400 exemplares, todos da marca francesa Charatan.

- **Crosby, Bing** (1903-1977): foi um cantor e ator norte-americano. Considerado um dos maiores cantores populares do século XX. Gravou mais de 300 músicas, sendo um dos cantores americanos mais populares nas décadas de 1930 e 1940. Era visto com frequencia (inclusive em filmes) fumando cachimbo. Eram cachimbos retos e longos, no estilo *"canadian"*. A Savinelli tinha uma linha de cachimbos chamada "Bing´s favorite".

- **Cushing, Peter** (1913-1994): ator britânico de teatro e cinema que atuou na Inglaterra e Estado Unidos. É muito conhecido por seus filmes de terror. Em 1977 participou do filme "A Estrela da morte" da série Star Wars.

- **Darwin, Charles** (1809-1882): naturalista britânico que alcançou fama ao convencer a comunidade científica da ocorrência da evolução e propor uma teoria para explicar como ela se dá por meio da seleção natural.

- **Davis, Angela:** ativista política norte-americana dos anos 70, pertenceu ao grupo Black Panthers e hoje é professora de filosofia na Universidade de Santa Cruz na Califórnia.

- **Doyle, Sir Arthur Conan** (1859-1930): foi um escritor e médico britânico, nascido na Escócia, mundialmente famoso por suas 60 histórias sobre o detetive Sherlock Holmes, consideradas uma grande inovação no campo da literatura criminal. Se não foi um dos mais famosos fumantes de cachimbo, deu vida ao mais famoso fumante

- **Dulles, Allen W.** (1893-1969): foi um proeminente advogado e diplomata americano, que se tornou o primeiro civil a ser Diretor da Agência Central de Inteligência (CIA) e o que serviu por mais tempo neste cargo.

- **Edward VII (Príncipe Albert of Walles)** (1841-1910): foi rei da Inglatera e dos dominios britânicos e Imperador da Índia de 22 de janeiro de 1901 até sua morte. Costumava fumar cerca de 20 cigarros e doze charutos por dia não havendo menção ao uso de cachimbos, razão pela qual não deveria constar desta lista.

- **Einstein, Albert** (1879-1955): físico teórico nascido na Alemanha e radicado nos Estados Unidos. Entre seus principais trabalhos desenvolveu a teoria da relatividade geral, ao lado da mecânica quântica um dos dois pilares da física moderna.

- **Eisenhower, Dwight D. (Ike):** foi o 34º Presidente dos Estados Unidos de 1953 até 1961. Comandante-chefe das tropas americanas na Europa desde 1942, dirigiu as invasões do Norte de África e de França. Em 1944 e 1945 era o comandante-chefe das forças aliadas na Europa Ocidental e, mais tarde, das forças americanas de ocupação da Alemanha. Outro famoso fumante mencionado por muitos autores, mas do qual não existem fotos com cachimbo.

- **Fenwick, Millicent** (1910-1992): editora de modas norte-americana, política e diplomata, eleita em 1974 para o congresso americano, onde permaneceu por 8 anos. Fumante elegante, era vista com frequência fumando em audiências públicas.

- **Ford, Gerald R.** (1913-2006): foi o 38º presidente dos Estados Unidos entre 1974 e 1977, logo após a renúncia de Richard Nixon.

- **Ford, Glenn** (1916-2006): ator norte-americano nascido no Canadá. Ficou famoso por seus filmes de cowboy e pelo filme Gilda. Tinha uma grande coleção de cachimbos e com frequência era fotografado fazendo a limpeza de alguns deles.

- **Ford, John** (1894-1963): cineasta norte-americano, dirigiu alguns dos mais famosos filmes das décadas de 1930 a 1960. Iniciou como ator em 1914 passando a dirigir a partir de 1917. Muito conhecido pelos filmes de cowboy.

- **Gable, Clark** (1901-1960): ator norte-americano famoso por seus papéis de galã em numerosos filmes. Aparece em inúmeras fotografias com um cachimbo, embora não seja possível dizer se eram apenas poses.

- **Grant, Cary** (1904-1986): ator norte-americano nascido na Inglaterra, também famoso por seus papéis de galã em numerosos filmes. De vida pessoal atribulada, é mais um dos que foi fotografado com cachimbos e cigarros, mas sem haver a certeza de que era realmente fumante.

- **Grant. Ulysses S.** (1822-1885): foi o 18.º Presidente dos Estados Unidos da América por dois mandatos (1869–77) após haver liderado o Exército da União na vitória contra a Confederação durante a Guerra Civil Americana de 1861 a 1865.

- **Hemingway, Ernest M.** (1899-1961): um dos maiores escritores norte-americanos, começou sua carreira jornalística muito cedo, interrompida em 1918 para que servisse como motorista de ambulância no exército italiano durante a I Guerra Mundial. Após isso levou uma vida cheia de aventuras como correspondente de guerra na Guerra Civil Espanhola e na II Guerra Mundial, e como escritor de sucesso. Viveu alguns anos em Cuba onde seus lugares preferidos tornaram-se atração turística, como o bar/restaurante La Bodeguita del Medio e o bar/restaurante La Floridita, onde há uma estátua sua na ponta de um dos balcões, como se fosse um cliente. Provavelmente fumava mais charutos que cachimbo. Suicidou-se em 1961.

- **Hubble, Edwin P.** (1889-1953): foi um astrofísico norte-americano famoso por ter descoberto que as até então chamadas nebulosas eram na verdade galáxias fora da Via Láctea, e que estas afastam-se umas das outras a uma velocidade proporcional à distância que as separa. Seu nome foi dado ao primeiro telescópio espacial, posto em órbita em 1990, para estudar o espaço sem as distorções causadas pela atmosfera.

- **Jung, Carl Gustav** (1865-1961): foi um psiquiatra e psicoterapeuta suíço que fundou a psicologia analítica. Jung propôs e desenvolveu os conceitos da personalidade extrovertida e introvertida, arquétipos e o inconsciente coletivo.

- **Karloff, Boris** (1887-1969): ator inglês radicado nos Estados Unidos foi muito conhecido por seus papéis em filmes de horror, principalmente pela sua interpretação do monstro Frankenstein em diversos filmes.

- **Khol, Helmut:** é um político alemão, chanceler do país de 1982 a 1998. Participou ativamente na reunificação da Alemanha em 1990.

- **Kipling, Rudyard** (1865-1936): foi um autor e poeta britânico., conhecido por seu livros "O livro da selva" (1894) e seus poemas, incluindo "Se" (1910).

- **Kruger, S.J. Paulus (Oom Paul)** (1825-1904): Político sul-africano, herói da República de Transvaal e Orange, mais tarde África do Sul. Participou da guerra dos Boers e em 1883 foi eleito presidente da república. Um modelo de cachimbo extremamente curvo (também conhecido como modelo "húngaro") recebeu o nome de Oom Paul em sua homenagem.

- **LaGuardia, Fiorello H.** (1842-1947): político norte-americano, foi prefeito da cidade de Nova York por três mandatos consecutivos entre 1934 e 1945.

- **Lewis, Sinclair** (1885-1951): famoso escritor norte-americano que recebeu o Prêmio Nobel de Literatura em 1930. Como outros "fumantes" famosos é muito raro se encontrar uma foto sua com cachimbo.

- **MacArthur, Douglas** (1880-1964): militar norte-americano, que lutou na I Guerra Mundial e foi comandante das forças americanas no sudeste asiático durante a II Guerra Mundial. Ficou conhecido entre os fumantes de cachimbo pelas suas fotos fumando um cachimbo corn cob especialmente produzido para ele.

- **MacMurray, Fred** (1908-1991): antes de ir para Hollywood tentar a carreira como ator ele foi músico e tocava saxofone em uma orquestra. Começou no cinema fazendo comédias românticas mas depois participou de grandes clássicos dramáticos como "Pacto de Sangue". Nos anos 60 ficou popular com a série de TV "A Escuna do Diabo", que ficou durante 12 anos no ar, e um de seus filmes mais famosos é também dessa época, " Se Meu Apartamento Falasse", ao lado de Jack Lemmon e Shirley McLaine.

- **Mancini, Henry (1924-1994):** nascido Enrico Nicola Mancini, foi um compositor, pianista e arranjador norte-americano.

- **Mark Twain** (1835-1910): pseudônimo de Samuel Langhorne Clemens, um escritor e humorista norte-americano, voraz fumante de charutos e cachimbos. É sua a frase: Sempre fiz questão de nunca fumar quando estou dormindo.

- **Maugham, W. Somerset** (1874-1965): nasceu em Paris, onde seu pai era advogado. Ficou órfão aos dez anos, sendo enviado à Inglaterra para viver com seu tio, o vigário de Whitestable. Em 1897, formou-se médico, mas abandonou a profissão após o sucesso dos seus primeiros romances e peças de teatro.

- **Miller, Arthur A.** (1915-2005): famoso dramaturgo norte-americano. Conhecido por ser o autor das peças Morte de um Caixeiro Viajante e de As Feiticeiras de Salem, e por se ter casado com a atriz Marilyn Monroe em 1956 de quem se divorciou em 1961.

- **Mingus, Charles** (1922-1979): foi um contrabaixista, compositor e ocasionalmente pianista de Jazz. Ele também ficou conhecido pelo seu ativismo contra a injustiça racial. Mingus é geralmente colocado entre os grandes nomes do jazz, gravando vários álbuns muito apreciados pelos amantes do estilo. Consta que Mingus tinha muitas vezes um temível temperamento, o que originou a sua alcunha no mundo do Jazz, "The Angry Man of Jazz" (O homem zangado do jazz). São mais comuns fotos suas com charuto que com cachimbo.

- **Neruda, Pablo** (1904-1973): poeta chileno, bem como um dos mais importantes poetas da língua castelhana do século XX. Neruda recebeu o Nobel de Literatura em 1971. Na verdade, esse era o seu pseudônimo que adotou desde a adolescência e que mais tarde tornou-se seu nome legal. Começou a escrever muito cedo e aos 15 anos já participava e era premiado em concursos de literatura. Sua morte está envolta em mistério, pois não se sabe se morreu de causas naturais ou foi morto por ordem do governo do General Pinochet no hospital onde estava internado devido a um câncer de próstata.

- **Newton, Sir Isac** (1642-1727): cientista inglês, mais reconhecido como físico e matemático, embora tenha sido também astrônomo, alquimista, filósofo natural e teólogo. Sua obra, Princípios Matemáticos da Filosofia Natural, é considerada uma das mais influentes na história da ciência. Publicada em 1687, esta obra descreve a lei da gravitação universal e as três leis de Newton, que fundamentaram a mecânica clássica. Outro fumante do qual não se encontram evidências do hábito.

- **Patton, George S.** (1885-1945): foi o general comandante do 3º Exército dos Estados Unidos durante a Segunda Guerra Mundial. Patton comandou o avanço do 3º Exército (Operação Cobra) durante os anos de 1944 e 1945, quando seus homens cruzaram a Europa numa velocidade espantosa, libertando cerca de 12 mil cidades e povoados. Visto muitas vezes com um cachimbo que fazia parte de atitudes extravagantes como não usar a pistola regulamentar do exército americano e sim um revólver com cabo de madrepérola com seu nome gravado.

- **Pershing, John J."Black Jack"** (1860-1948): militar norte-americano que comandou as tropas americanas durante a I Guerra Mundial. Dizem alguns autores que, por ser do Missouri, foi quem convenceu o Gal. MacArthur a fumar corn cobs.

- **Pertini, Alessandro (Sandro)** (1896-1990): jornalista e político italiano, lutou na I Guerra Mundial como oficial e no final da II Guerra Mundial como guerrilheiro após ser libertado da prisão onde cumpria pena por suas ideias socialistas. Em 1946 entrou para a política e foi eleito presidente da Itália em 1978, cargo que ocupou até 1985.

- **Popeye, O marinheiro:** personagem clássico dos quadrinhos, criado por Elzie Crisler Segar em 17 de janeiro de 1929, e adaptado para desenhos animados em 1933 pelos irmãos Dave e Max Fleischer.

- **Reagan, Ronald** (1911-2004): foi um ator e político norte-americano, o 40.º presidente dos Estados Unidos e o 33.º governador da Califórnia. Era formado em economia e sociologia mas ficou conhecido como ator de Hollywood, onde atuou por quase 30 anos. Foi eleito governador da California em 1966 e presidente do Estados Unidos em 1980 sendo reeleito uma vez. Deixou o cargo em 1989.

- **Robinson, Edward G.** (1893-1973): nome artístico de Emmanuel Goldenberg, nascido na Romênia e naturalizado norte-americano, ficou conhecido como o primeiro ator a interpretar homens rudes e violentos. Fumante de charutos e cachimbos.

- **Russel, Bertrand** (1872-1958): foi um dos mais influentes matemáticos, filósofos e lógicos que viveram no século XX. Em vários momentos na sua vida, ele se considerou um liberal, um socialista e um pacifista. De vida pessoal conturbada, casou-se e divorciou-se diversas vezes, chegando a ser preso pelo seu espírito pacifista ao se recusar a se alistar durante a I Guerra Mundial. Em 1962 ajudou na mediação do conflito dos misseis de Cuba. Foi um acirrado ativista contra a proliferação de armas nucleares.

- **Sabin, Albert** (1906-1993): foi um pesquisador médico, sendo melhor conhecido por ter desenvolvido a vacina oral (famosa "gotinha") para a poliomielite. Publicou mais de 350 estudos, que incluem trabalhos sobre pneumonia, encefalite, câncer e dengue; foi o primeiro a isolar o vírus da dengue: o tipo I na área do Mediterrâneo, durante a Segunda Guerra Mundial, e o tipo II na região do Pacífico. Sua vacina antipóliomielite produzida com virus vivo e atenuado começou a ser aplicada em 1961.

- **Saci Pererê**: lenda do folclore brasileiro que se originou entre as tribos indígenas do sul do Brasil. O saci possui apenas uma perna, usa um gorro vermelho e sempre está com um cachimbo na boca.

- **Salk, Jonas** (1914-1995): foi um médico, virologista e epidemiologista norte americano, mais conhecido como o inventor da primeira vacina antipólio. Sua vacina é feita com virus inativados para aplicação intramuscular ou subcutânea, começando a ser aplicda em 1955.

- **Sand, George (Amandine Aurore Lucile Dupin), Baronesa de Dudevant** (1804-1876): aclamada romancista e memorialista francesa, considerada a maior escritora francesa e uma das precursoras do feminismo. De intensa vida amorosa, tinha também o costume de fumar em público (cachimbo provavelmente), numa época em que isso era inaceitável para uma mulher.

- **Santos, Marquesa de (Domitila de Castro Canto e Melo)** (1797-1867): foi uma nobre brasileira, célebre amante de Dom Pedro I, imperador do Brasil, que lhe conferiu o título nobiliárquico de marquesa em 12 de outubro de 1826. É descrita em alguns livros sobre a época da independencia, como fumante de cachimbo.

- **Sartre, Jean Paul** (1905-1980): foi um filósofo, escritor e crítico francês, conhecido como representante do existencialismo. Acreditava que os intelectuais têm de desempenhar um papel ativo na sociedade. Era um artista militante, e apoiou causas políticas de esquerda com a sua vida e a sua obra. Repeliu as distinções e as funções problemáticas e, por estes motivos, se recusou a receber o Nobel de Literatura de 1964. Frequentemente retratado com seu cachimbo.

- **Schwarzenegger, Arnold Alois:** fisiculturista, ator, empresário e político austro-americano, tendo servido como 38º Governador do estado da Califórnia. Fumante de charutos e cachimbos.

- **Spinoza, Baruch** (1632- 1677): foi um filósofo holandês do séc XVII que propôs uma ética bastante interessante e com visões bem diferentes do que se costumava ter e pensar na sua época.

- **Stallone, Sylvester:** ator, cineasta, roteirista e diretor americano, conhecido por seus papéis em filmes de ação de Hollywood. Divide-se entre fumar charutos e cachimbos.

- **Tolkien, J.R.R.**(1892-1973): foi um premiado escritor, professor universitário e filólogo britânico, nascido na África do Sul, que recebeu o título de doutor em Letras e Filologia pela Universidade de Liège e Dublin, em 1954 e autor das obras como O Hobbit, O Senhor dos Anéis.

- **Tracy, Spencer** (1900-1967): famoso ator de cinema norte-americano.Tracy é descrito como um dos maiores atores da história do cinema dos Estados Unidos. Participou em mais de setenta filmes em três décadas. Juntamente com Laurence Olivier possui o recorde de indicações ao prêmios Oscar de melhor ator, tendo ganho o premio em dois anos consecutivos.

- **Van Gogh, Vincent** (1853-1890): foi um pintor pós-impressionista holandês. Sua produção inclui retratos, autorretratos, paisagens e naturezas-mortas de ciprestes, campos de trigo e girassóis. Pintor extremamente ativo, em pouco mais de uma década, produziu mais de 2 100 obras de arte, incluindo 860 telas a óleo e cerca de 1 300 aquarelas, desenhos, esboços e gravuras. Um de seus autoretratos o mostra com um cachimbo na boca e o rosto enfaixado por causa da mutilação de sua orelha.

- **Walesa, Lech:** político polonês e ativista dos Direitos Humanos. Foi um dos fundadores do sindicato Solidariedade e presidente da Polônia, entre 1990 e 1995, sendo o primeiro após a derrocada do comunismo.

- **Wallace, Irving** (1916-1990): foi um escritor e roteirista estadunidense, pai do historiador David Wallechinsky e da escritora Amy Wallace.

- **Welles, Orson**(1915-1985): cineasta estadunidense, também foi roteirista, produtor e ator. Iniciou a sua carreira no teatro, em Nova Iorque, em 1934. alcançou o sucesso aos vinte anos graças à obra radiofónica, A Guerra dos Mundos, que causou comoção nos Estados Unidos quando muitos ouvintes pensaram que se tratava de uma retransmissão verdadeira de uma invasão alienígena. Seu filme mais famoso foi Cidadão Kane. As fotos em que aparece fumando cachimbo e charuto podem ser de divulgação de filmes.

- **Wilson, Lord Harold**(1916-1995): político e economista britânico, foi primeiro-ministro do Reino Unido entre 1964 a 1970 e 1974 a 1976 pelo Partido Trabalhista. Frquentemente fotografado fumando seu cachimbo.

- **Young, John:** piloto naval e astronauta americano e o nono homem a pisar na Lua no ano de 1972, como comandante da nave Apollo 16.

- **Young, Robert G.** (1907-1998): ator Americano de televisão, cinema e radio, mais conhecido por seu papel como Jim Anderson, o pai, da série de TV *Papai sabe tudo,* e como o médico Marcus Welby na série *Marcus Welby, M.D.*

Glossário

Nesta seção tentaremos explicar o significado de algumas palavras usadas no mundo do tabaco e cachimbo, sem no entanto nos referirmos a nomes de fabricantes, de modelos de cachimbo e tipos de tabaco que deverão ser consultados nos respectivos capítulos.

Ácido
Diz-se da desagradável condição em que se encontra um cachimbo úmido e sujo e ao sabor de alguns tabacos.

Acre
Um defeito do tabaco que provoca regurgitações ácidas, espasmos no esôfago ou então tosse. Pode também ser resultante de um tabaco que está sendo fumado em um cachimbo ácido.

Acrílico
Nome comum que se dá ao polimetacrilato de metila, material utilizado na fabricação de piteiras. O acrílico ou Lucite é usado na fabricação de piteiras devido a não se oxidar como a ebonite, mas é criticado por muitos devido a sua dureza ao ser mordido. As últimas etapas da confecção de uma piteira em acrílico são sempre executadas à mão.

Aditivado
Diz-se do tabaco que recebeu em seu preparo aditivos artificiais.

Aditivo
Toda e qualquer substância natural ou artificial adicionada ao tabaco com o intuito de melhorar qualquer uma de suas características. No elenco, os mais comuns são os adoçantes, os aromatizantes, os umectantes e os conservantes.

Adstringente
Um defeito do tabaco que se manifesta pela sensação de "pega" nas gengivas e na cavidade oral.

Aerar
Medida corretiva que se aplica ao tabaco que foi excessivamente compactado no fornilho e, por isso, de fumar incômodo. Efetuam-se diversas punções com o furador a fim de criar caminhos para a passagem de ar através da massa de tabaco.

Air Curing
Veja Cura ao ar.

Alcaloides
Família de substâncias orgânicas nitrogenadas alcalinas que são

228

encontradas em muitas plantas, inclusive o tabaco. A nicotina pertence a esta família.

Alcatrão
É o total de partículas existentes na fumaça excluindo-se a água e a nicotina.

Álcool de cereais
Produto utilizado na manutenção de cachimbos, mais especificamente como solvente para a limpeza da câmara de condensação e do duto de passagem de ar do cabo devido a ser quase inodoro. Empregar álcool em um cachimbo com qualquer outro propósito, como por exemplo "preparar" um fornilho, pode ter conseqüências desastrosas.

Amaciamento
Processo utilizado em cachimbos feitos de briar e nunca antes utilizados, com a finalidade de criar uma crosta de carvão, regular e de espessura uniforme, nas paredes internas do fornilho.

Amadeirado
Sabor do tabaco ao ser queimado, ou de sua fumaça, que lembra o da madeira.

Âmbar
Resina fóssil amplamente utilizada no passado na confecção de piteiras, hoje uma raridade. Correntemente o que se encontra amiúde são piteiras executadas em âmbar recuperado e prensado ou suas imitações sintéticas. Cachimbos com fornilhos em meerschaum e piteira em âmbar verdadeiro são considerados clássicos.

Americana
Nome dado às misturas de menor qualidade muito difundidas nos EUA, e, por razões de mercado, agora também no mundo todo. Caracterizam-se, principalmente, pela presença de Burley marcadamente aromatizado e de Virginia. Mistura adocicada, fortemente aditivada, de corte largo, frequentemente misturada a tabaco granular.

Anel
Banda ou faixa, em geral metálica, quase sempre passada à volta da extremidade livre do cabo do cachimbo no ponto onde se encaixa a piteira, com o intuito ou de decorá-lo ou de reforçá-lo a fim de evitar trincas na parede onde ocorre o dito encaixe.

Anilina
Corante muito utilizado na pintura ou tingimento de cachimbos.

Argila

Material muito empregado na fabricação de cachimbos no passado, algumas vezes chamado, impropriamente, de gesso. Os cachimbos feitos deste material eram frequentemente brancos, comuns na Inglaterra e na Holanda dos sécs. XVII e XVIII, e os fabricados na cidade de Gouda eram os que gozavam de maior prestígio. Tinham na sua capacidade de absorção de umidade sua característica mais apreciada, mas sua fragilidade os fez cair em desuso.

Army mount

Sistema de encaixe da piteira no cabo do cachimbo, sem que se faça uso de uma espiga moldada na piteira. O sistema permite que o cachimbo seja desmontado ainda quente.

Aroma

Característica organoléptica do tabaco e também da fumaça que produz ao ser queimado, relacionada ao olfato e que normalmente pode ser melhor avaliada pelas pessoas que circundam o fumante do que pelo fumante propriamente dito.

Aromático

Tabaco que produz aroma agradável ao ser queimado. Pode ser natural ou aromatizado. Neste caso pode ter sido submetido a um dos processos que impartem sabores e aromas específicos pela adição de produtos como açúcar, melaço, rum, baunilha ou qualquer outro aromatizante.

Aromatizante

Nome genérico de um grupo de substâncias naturais ou artificiais que são adicionadas a tabacos em uma ou mais fases de sua elaboração, com a finalidade de lhe conferir um aroma distinto do tabaco natural.

Aromatização

Processo de aplicação de aromatizantes.

Artesanal

Nome dado a cachimbos ou tabacos produzidos em escala não-industrial.

Aspirar

É o próprio ato de fumar cachimbos, porém sem tragar, já que o fumante de cachimbos apenas saboreia a fumaça produzida pela queima do tabaco.

Atacador

Ferramenta utilizada para compactar o tabaco no fornilho. Também chamada de socador. "Tamper" em inglês.

Alcaloides

Família de substâncias orgânicas nitrogenadas alcalinas que são encontradas naturalmente em muitas plantas, inclusive o tabaco. A nicotina pertence a esta família.

Baquelite
Nome de um plástico mais duro que a ebonite e mais macio que o acrílico. Piteiras de baquelite não se oxidam. Normalmente são piteiras em tons de branco ou amarelo âmbar.

Blend (Mistura)
Mistura de fumos e ingredientes adicionados, característica de cada produto.

Bolo (ou Cake)
Refere-se ao crescimento de carbono residual que se forma nas paredes do fornilho. Recomenda-se manter a espessura do bolo em no máximo 1 mm para criar uma camada de proteção que mantem as paredes mais frias e reduz a umidade das mesmas. É desprezado nos cachimbos de meerschaum e objeto de muita discussão entre fumantes de cachimbos corn cob.

Classe de Tabaco
Subdivisão de um tipo de tabaco baseado principalmente na posição da folha no pé, mas também baseado em outros fatores, inclusive maturação, cor, corpo, textura, qualidade etc.

Cumberland
Forma de vulcanite feita com pigmentos vermelhos e marrons que são adicionados à borracha para se conseguir uma aparência marmórea.

Curly Cut
Ver "Moeda".

Cura
Método de secagem de folhas de tabaco recém colhidas. Há quatro métodos principais de cura: estufa (flue cured), galpão (air cured), ao fogo (fire cured) e ao sol (sun cured), cada qual influenciando a característica da fumaça gerada pelo tabaco.

Debulhação
Processo mecânico para remover o talo da folha do tabaco, para que o mesmo possa ser processado e preparado para a fabricação do tabaco.

Dechavador
Um dechavador, também conhecido como triturador ou, informalmente, pela corruptela "dichavador", é um pequeno aparelho com um sistema interno moedor ou triturante, utilizado para, entre outros fins, preparar o tabaco que se apresenta em pedaços, para ser carregado no fornilho do

cachimbo.

DGT
Sigla em inglês para Técnica de Gratificação Retardada (Delayed Gratification Technique), que é o hábito de alguns fumantes de acender o cachimbo, fumar por alguns minutos e depois deixar "descansando" por algumas horas ou mesmo dias antes de completar a fumada. Alguns tabacos, principalmente misturas, ganham um sabor diferente na parte final da fumada, que alguns acham prazeroso.

Delrin
Nome comercial de um termoplástico composto de polioximetileno, também chamado de acetal ou poliformaldeido. É usado por fabricantes de cachimbo para produzir a espiga, que é a parte de conexão entre a piteira e o corpo do cachimbo em cachimbos de meerschaum, por exemplo. Por ter um baixo coeficiente de atrito, o delrin é considerado "auto-lubrificante" facilitando a separação das partes e não interferindo no fluxo da fumaça.

Dottle
Palavra inglesa para nomear o resto de tabaco não queimado e cinzas depositado no fundo do fornilho após a fumada. É evitado pelos fumantes como um desperdício de tabaco e amargamento do fornilho, mas algumas vezes é inevitável.

Ebonite
Nome comercial de uma borracha muito dura criada pela vulcanização da borracha com enxofre por longos períodos. Também chamada de Vulcanite, é juntamente com o acrílico os dois materiais mais populares para a confecção de piteiras. A ebonite é macia ao se morder, mas tende a amarelar e adquirir cheiro de enxofre ao ser exposta a luz do sol. Este processo é chamado de oxidação.

Eflorescência
Muitas vezes confundida com mofo, eflorescência é um pó branco que aparece em tabacos bem maturados e que ao contrário do mofo é um bom sinal de que as folhas maturaram adequadamente. Essa eflorescência é causada pela cristalização de açucares na superfície do tabaco.

Envelhecimento
Período de repouso do tabaco após o seu processamento para melhorar a qualidade do aroma, por meio de fermentação aeróbica ou anaeróbica. O efeito é muitas vezes estimulado pelo uso de calor e/ou pressão.

Estate pipe

Termo em inglês que indica um cachimbo novo ou já utilizado, adquirido de uma terceira pessoa.

Estufa de Cura

Local com fornos de secagem onde é curada a folha dos tabacos que requerem este tipo de processo (o tabaco Virginia é um deles).

Fantasma

Sabor ou aroma de um tabaco fumado anteriormente e que permanece no cachimbo, interferindo no sabor ou aroma do novo tabaco.

Fumo Desfiado

Tabaco para cigarro que foi cortado a partir de folhas ou tiras de tabaco.

Fumo Estufa

Tabacos Virginia e similares, que tenham sido curados em estufa através da utilização de calor. Isto fixa a cor do tabaco, além de manter intacto seu teor de proteínas, nitrogênio e açúcar.

Fumo Galpão

Tabaco (por ex., Burley ou Comum) curado (seco) em condições ambientais naturais, em geral galpões abertos ou fechados com plásticos sem a ajuda de calor especialmente produzido.

Fumo Reconstituído

Material reconstituído em forma de folha, fabricado a partir de pequenas partículas nobres de tabaco geradas nas várias etapas do processamento convencional.

ISO - International Organization for Standartization

Organização internacional responsável pela padronização e normatização de metodologias.

Lucite:

Ver acrílico.

Moeda

Termo usado para se referir a uma única fatia de tabaco cortada de uma "corda de tabaco" e parecida com um "flake", exceto que é redonda e frequentemente mais fina.

Morta

Também conhecida como "bog-wood" ou abonos, é madeira de árvores que ficaram enterradas em pântanos e quase petrificadas devido ao ambiente ácido e anaeróbico, por períodos de centenas ou milhares de anos. É conhecida pelo seu alto conteúdo mineral e a resistência ao fogo resultante.

Oriental / Turco

Tipo de tabaco identificado pelo pequeno tamanho da folha e notas aromáticas especiais.

P-Lip

Modelo de piteira inventado pela Peterson que consiste em um pequeno furo no alto da boquilha da piteira em vez um furo no final, destinado a direcionar o fluxo da fumaça para o céu da boca evitando a "pegada" na língua.

Peletização/Sementes Peletizadas

Encapsulamento das sementes com materiais inertes, de forma a aumentar o tamanho das unidades de dispersão para facilitar o plantio em bandejas.

Posição no Pé

Posição de uma folha de tabaco no caule (apanhada, baixeiro, baixo meio pé, alto meio pé, ponteira). Um dos fatores levados em conta ao avaliar a qualidade provável do tabaco.

Reamer

Traduzido genericamente como raspador, é uma ferramenta, ajustável ou não, usada para raspar o interior dos fornilhos para tirar o excesso de "bolo" formado nas paredes.

Room note

Termo em inglês que significa o aroma deixado no ambiente pela fumaça do tabaco.

Sistema Padrão de Classificação

Método abrangente de classificação de tabaco segundo critérios de qualidade estabelecidos pelo Ministério da Agricultura.

Sistab

Sistema para cadastro dos Produtos Derivados do Tabaco, disponibilizado pela ANVISA.

Socador

Ferramenta usada para socar o tabaco no fornilho. É um dos três acessórios da ferramenta 3 em 1. Um socador pode ser tão simples quanto um prego grande ou um pedaço de madeira ou tão elaborado quanto o comprador quiser.

Socar

Usar uma ferramenta ou um dedo para comprimir o tabaco no fornilho de modo a colocar o tabaco ainda não queimado em contato com a brasa. Embora possa parecer sem importância, socar o tabaco é importante tanto para o cuidado do cachimbo quanto para a qualidade da fumada.

Talo

Nervura principal da folha de tabaco.

Tcheca:

Ferramenta também chamada de 3 em 1, combina um socador com um ponteiro para limpeza e uma colher para raspagem. Chamada de "tcheca" devido ao país de origem (Tchecoslováquia), embora hoje em dia a maioria seja feita na China

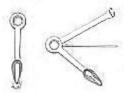

Uma ferramenta tcheca

Tipo de Tabaco

Subdivisão do tabaco baseada principalmente no método de cura. Há quatro tipos principais de tabaco, cada um com características de fumaça distintas: galpão ou curado ao ar, curado ao fogo, curado em estufa, e curado ao sol.

Twist

Uma forma de tabaco, também chamada de fumo de corda, a qual é enrolada como uma corda, geralmente a mão, ao invés de ser prensada. Uma das mais antigas formas de fabricação de tabaco.

Umectante

Ingrediente que minimiza a troca de umidade do tabaco com o ambiente, além de facilitar o processamento do mesmo. Evita que o tabaco perca ou ganhe umidade de maneira excessiva. Ex: glicerina ou poliglicol.

VaPer

Palavra formada pela junção das silabas de Virginia (Va) e Perique, sendo simplesmente a contração usada para designar uma mistura composta destes dois tabacos.

Vulcanite

Ver ebonite

Zepelin

Nome usado para se referir a um cachimbo com o formato de um charuto com uma piteira e frequentemente com uma tampa de metal para segurar o tabaco no fornilho. Algumas vezes chamado de torpedo.

Bibliografia

Bozzini, Giuseppe – *Tabaco per la mia pipa* - Ugo Mursia Ediotre S.p.A. – Milano – Italia – 1990

Bozzini, Giuseppe – *La mia pipa* - Ugo Mursia Editore S.p.A. – Milano – Itália – 1990

Chagnon, Napoleon A. – *Yanomano, The fierce people* – 2nd. Edition - Holt Rinehart & Winston - USA - 1977

D'Aquino, Gilma R. – *O fumo e os cachimbos cerâmicos na prehistoria da Amazônia - os "sambaquieiros" de Alenquer e os Tapajós de Santarém.*

Dissertação de mestrado na Univ. Federal de Pernambuco - 2001

Dunhill, Alfred - *The pipe book* - Lyons Press – Londres Inglaterra – 1924

Ehwa Jr, Carl - *The book of pipes and tobacco* - Random House – New York – USA – 1984

Fisher, Robert L. – *The odyssey of Tobacco* – The Prospect Press – Connecticut – USA - 1939

Gage, Tad - *O mais completo guía de charutos* - Editora Mandarim – São Paulo – Brasil – 2000

Gately, Iain – *Tobacco* - Grove Press – New York - NY – USA – 2001

Goodman, Jordan - *Tobacco in History* - Routldge – Londres – Inglaterra – 2004

Hacker, Richard Carleton - *The ultimate pipe book* - Autunmgold Publishing – Beverly Hills – USA - 1984

Hitier, Henry e **Sabourin**, Louis – *Le tabac* – Presses Universitaires de France – Paris – França - 1965

Liebaert, Alexis e **Maya**, Alain - *La grande histoire de la pipe* - Editora Flammarion – Paris – França – 2002

Lopes, José Manuel - *Pipes – Artisans and Trademarks* - Quimera Editores, Ltda. – Barcelona – Espanha – 2000

Nardi, Jean Baptiste – *O Fumo Brasileiro no Brasil Colonial* - Brasiliense – São Paulo – Brasil - 1996

Newcombe, Rick - *In search of pipe dreams* -Summer Books – Los Angeles - USA – 2006

Ranieri, Carlos Alberto - *Sua Excelência o cachimbo* - Edição do autor - São Paulo – Brasil – 1986

Sander, Gilman L. (Editor) e Xun Zhou (Editor) **-** *Smoke, A Global History of Smoking* - New York – USA – 2000

Sherman, Milton M. - *All about tobacco* - P.M. Sherman – New York – NY – USA – 1974

Weber, Carl - *The pleasures of pipe smoking* - Bantam Books, Inc. – New York – USA – 1973

Willigen, John Van e **Eastwood,** Susan C, - *Tobacco Culture* - The University Press of Kentucky – Lexington – USA – 1998

Winans, Robert F. - *The pipe smoker's tobacco book* -Graphics Etc – Provincetown - MA – USA – 1977

Wright, David H. - *The pipe companion* -Running Press Books – Philadelphia – USA – 2000

Endereços eletrônicos

Avaliações de tabacos: Disponível em http://www.tobaccoreviews.com Acesso em 5 de janeiro de 2007

Avaliações de tabacos: Disponível em http:// pipes.priss.org Acesso em 5 de janeiro de 2007

Tabacos 'flake': Disponível em http://www.macbaren.com Acesso em 12 de janeiro de 2007

Cachimbos Corn Cob: Disponível em http://www.corncobpipe.com Acesso em 22 de novembro de 2006

Saúde: Disponível em http://www.pipes.org Acesso em 22 de fevereiro de 2007

Saúde: Disponível em http://www.seattlepipeclub.org Acesso em 22 de fevereiro de 2007

Saúde: Disponível em http://www.perio.org/consumer/cigars.htm Acesso em 22 de fevereiro de 2007

Páginas da Internet

Desde o surgimento da internet têm se multiplicado de maneira impressionante os "sites" dedicados à informação, discussão e mesmo propaganda de tabacos, cachimbos e produtos afins, bem como a literatura sobre esses assuntos. Isso tudo apesar das restrições legais que estão sendo impostas sobre os proprietários de tais "sites", restringindo drasticamente a liberdade de propaganda.

Fazer uma relação dos "sites" disponíveis seria um exercício de impossibilidade pois o número deles é tão grande, que por mais completa que fosse a relação, algumas dezenas de endereços ficariam de fora.

Assim sendo optamos por relacionar alguns dos endereços que julgamos mais interessantes e que possuam "links" que dirijam o leitor para outros "sites".

Barcelona Pipa Club
    http://www.bpipaclub.com

Cachimbo Clube de Portugal
    http://www.terravista.pt/copacabana/2200

Confraria dos Amigos do Cachimbo
http://www.amigosdocachimbo.com.br

"News group" Alt.Smokers.Pipes
http://www.aspipes.org

Página das Páginas
http://www.pipes.org

Avaliações de tabacos
http://www.tobaccoreviews.com
http://pipes.priss.org/

Sociedade Norte-Americana de Colecionadores de Cachimbo
http://www.naspc.org/index.html

Pipedia
http://www.pipedia.org

Printed in Great Britain
by Amazon